教師の力を最大限引き出す

NLP

NEURO
LINGUISTIC
PROGRAMMING

SHINYA MARUOKA
丸岡慎弥

東洋館出版社

はじめに

学校が変わりました。

社会が変わりました。

それでも、まだ変化を遂げようとしています。時代は「5G」が到来し、私たちの身の周りのテクノロジーはさらに進化を遂げようとしています。ほんの10年前には考えられなかった人々の生活や技術がもたらされようとしています。

もっと学校は変わります。

もっと社会は変わります。

そんな激動の時代を迎えようとしている私たちに必要な教師としてのスキルは何なのでしょうか。

それは、次の2点に集約されます。
・他者とのコミュニケーション
・自分自身とのコミュニケーション

つまり、「だれとどう生きるか」「自分はどう生きるか」を真剣に考える時代となるのです。私は、今後、テクノロジーが発展すればするほど、「人と人との信頼関係」「自分自身の生き方」という、根幹的な部分に目が向けられ、大切になってくると思っています。

現に、学校でも変化を感じるようになってきました。

しかし、「人とどう生きるか」「自分自身の生き方」と向き合うことに、何も必要ないわけではありません。そこには、確かな考え方やスキルが必要なのです。

ただ、そのような考え方やスキルについては、教育現場の中では、まだまだ共有されていません。教師向けの研修と言えば、授業改善や新たな教育制度のことがほとんどで、もっと基本的な「人と人とのより良い関係づくり」などについて、あまり聞くことがないのです。

そこで、本書です。

本書は、人と人とがどのようにして関係を築いていくのか、自分自身とどう向き合うのかということを具体的な考えやスキルをもとに提案しています。もっと具体的に言うとＮＬＰという欧米で広まっている実践心理学をもとにして、様々な考えやスキルを提案しているのです。

人とよりよく過ごしていくには、スキルが必要です。考え方が必要です。そして、教師という仕事は、何十人という子どもたちや保護者、そして同僚・上司と過ごしながら毎日を送らなければいけません。「確かなコミュニケーション力」を備えていなければならない職業なのです。

本来は、どんな人でも確かなコミュニケーションを築く能力をもっています。自分自身を最高の状態にもっていく能力をもっています。ただ、具体的に教えられることはほとんどありません。

本書では、そのスキルや考えを余すことなく公開しています。人と人との中で仕事を進める教師にとっては「必読の書」と言ってもよいでしょう。

何より、本書を執筆した私は、ＮＬＰを知ったことで、これまでにはない視点を手に入れることができました。本書の中には、ＮＬＰを知っていればそんなことにはならなかっただろう私の失敗談もできるだけたくさん執筆させていただきました。少しでも本書を手に取っていただいた皆さんの参考になれば幸いです。

そして、本書を読み終わるころには「人と過ごすとはこういうことか」「自分と向き合うとはこういうことか」と、確かな手ごたえを得ていただけることと思います。

では、本書のトビラを開けてみてください。

これからの時代に教師として必要なことをお伝えします。

目次

CHAPTER 2

良好な対人関係を築くスキル…………59

CHAPTER 3

上級者になれるコミュニケーションスキル…………101

CHAPTER

4

自分を発揮し、伸ばすスキル……183

CHAPTER

1

NLPって何ですか？

NLPとは？

NLPとは

さて、人と人とのコミュニケーションをより良くし、自分自身と向き合うことのできるスキルであるNLPとは一体何なのでしょうか？日本NLP協会では、次のように説明されています。

NLPとは、Neuro Linguistic Programing（神経言語プログラミング）の頭文字から名付けられています。
NLPは、1970年初頭、カリフォルニア大学の心理学部の生徒であり数学者だったリチャード・バンドラーと言語学の助教授だったジョン・グリンダーが心理学と言語学の観点から新しく体系化した人間心理とコミュニケーションに関する学問です。
セラピーの現場で天才と称された3人のセラピスト達の分析から生まれました。

私が学校教育へNLPを取り入れることに可能性を感じたことは、「3人のセラピストを2人の研究者が分析し、体系化した」ということでした。リチャード・バンドラーとジョン・グリンダーは、より一般的な知識・実践としてNLPをつくりあげたのです。

もし3人のセラピストが直接NLPをつくりあげたとしたなら、私たちがこうしてNLPを実践することはできなかったでしょう。カリスマは人に伝えるために実践をしているのでなく、目の前の成果を出すために実践を積み重ねています。つまり、人に伝えるということへの意識は低く、とにかく、目の前の実践に集中し、まだ明らかにされていない世界への挑戦を続けます。「どうしてカリスマが成果を出せるのか」を説明する人が別に必要となるのですが、NLPはその条件をクリアしています。

また、3人のセラピストを分析したジョン・グリンダーとリチャード・バンドラーが心理学だけの研究者だけでないところにも、私はNLPが学校教育に役立つのではないかと期待を膨らませたひとつの要因でした。

心理学者を心理学者だけが分析すれば、心理学の世界だけに閉じ込められた研究となってしまいますが、ジョン・グリンダーとリチャード・バンドラーが専門としていた言語学（心理学）と数学の視点で分析することで、より広い世界へと繰り広げられました。その点からも、心理学を専門としない教師が学校教育へ活かせるのではないかと考えるようになったのです。

3人のセラピストとは

バンドラーとグリンダーが分析した3人のセラピストとはいったいだれなのでしょうか。それは、次の3名です。

・ミルトン・エリクソン（催眠療法）
・フリッツ・バールズ（ゲシュタルト療法）
・バージニア・サティア（家族療法）

ミルトン・エリクソンは、精神科医であり、心理学者として催眠療法を取り入れました。催眠と聞くと「あなたはだんだん眠くなる」や「ワン・ツー・スリーで犬になります！」など催眠術を思い浮かべる方がいるかもしれませんが、それが催眠療法というわけではありません。催眠療法とは、緊張状態やストレスなどに適切にアプローチし、よりよい状態へと促す療法となります。

ゲシュタルト療法で有名なのが、フリッツ・バールズです。ゲシュタルト療法というと「エンプティチェア」が大変有名です。エンプティチェアは、NLPワークの一種である「ポジションチェンジ」と深いかかわりがあります。（ポジションチェンジについてはCHAPTER 2で詳しく説明）ゲシュタルトとは、ドイツ語で「姿、形」という意味です。

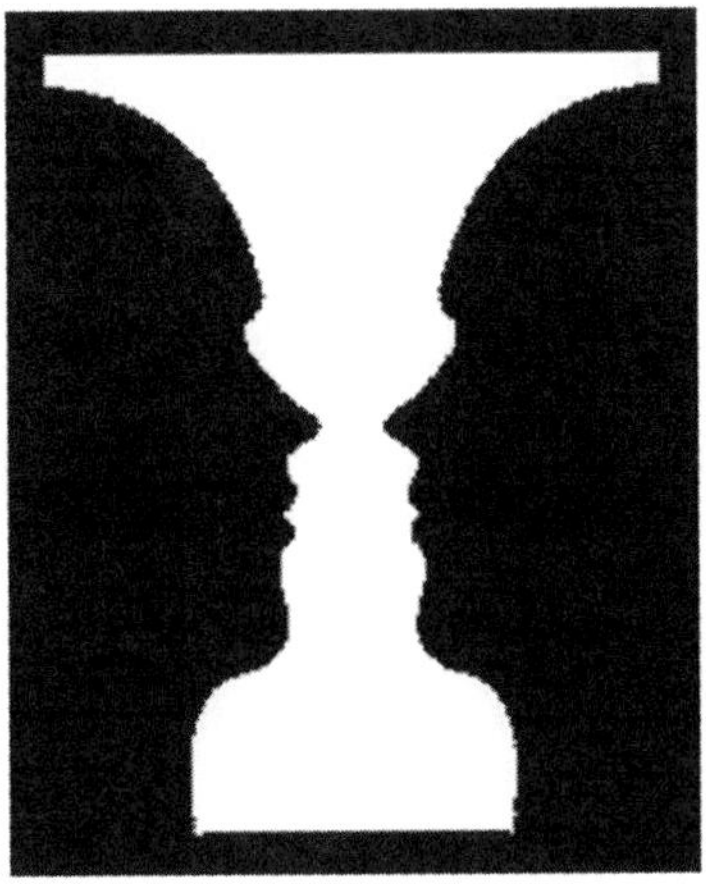
ルビンの壺

有名なものとして「ルビンの壺」です。黒に注目すれば、2人の人（Aとします）が見えます。白に注目すれば、壺（Bとします）が見えます。Aしか見えず、Bが見えない人にはAが見えるように介入します。Bが見えていない人には、Aが見えるように介入します。その介入こそがゲシュタルト療法なのです。

バージニア・サティアの家族療法では、その人の問題をその人だけの問題とせず、その人も含めた周囲の人との関係性の中で生まれている問題と捉えることが特徴的です。

もし、クラスの中で問題を抱える子どもがいるときに、その子自身だけでなく、家族関係や友人関係にまで目を向けて問題を捉え、解決しようとすることです。

また、家族療法では、NLPワークでもかなり有名な

「リフレーミング」と深いかかわりがあります。（CHAPTER 3で詳しく説明）
こうした3人の実践を体系化したものがNLPです。これだけでも、NLPが膨大な実践をもとにつくりあげられていることがおわかりいただけるのではないでしょうか。

NLPを取り入れている著名人

NLPを取り入れ、世界的な活躍をしている方はアメリカ大統領であったクリントン氏・オバマ氏などをはじめ、数多くいらっしゃいます。

その中でも有名な話として、テニスプレイヤー「アンドレ・アガシの復活」があります。アガシはアメリカ出身のプロテニスプレイヤーであり、大きな大会を何度も優勝したことのあるかなりの実力者でした。主要な大会で優勝した実績を言うと「1992年のウインブルドン」「1994年の全米オープン」「1995年の全豪オープン」があります。

そんな波に乗っていたアガシにも極度のスランプがやってきます。突然、自分のテニスを見失い、全く成績を残すことができなくなったのです。

そこで、登場したのが、世界ナンバー1コーチとも言われるアンソニー・ロビンズです。（ロビンズはテニスのプロではありません）ロビンズは自身のNLPの知識を活かし、アガシを復活へと導きます。

ロビンズが何をやったのかと言うと、アガシの絶好調の状態のときの試合の入場シーンと、スランプに陥っているときのアガシの入場シーンとを徹底的に見比べたのです。すると、絶好調のときとスランプのときには、「歩き方」「視線の向け方」「言葉の使い方」などがまるで違っていました。サーブ前のボールのつき方まで違ったと言います。ロビンズはこうしたことをアガシに気付かせ、調子のよかったときと同じような入場のさせ方を練習のときからしたと言います。

それから、アガシは奇跡とも言われる復活を成し遂げます。1999年の全仏オープンに優勝し、史上5人目のグランドスラムを達成しました。さらに2000年、2001年には全豪オープンで大会2連覇も成し遂げました。

ロビンズはテニスのプロではありませんでした。しかし、プロテニスプレイヤーのアガシを復活させ、再び世界一の座へと導きました。このエピソードから学べることは、人は自分の状態によって達成する成果が大きく変わるということです。そして、NLPは「状態」をよりよい方向へと導く力をもっています。

また、日本でNLPを活用している方として「メンタリスト」として有名なDaiGo氏があげられます。DaiGo氏のパフォーマンスはメディアなどでも大きく取り上げられ注目を浴びましたが、DaiGo氏もNLPをかなり高い次元で活用されています。（本人の御著書でもそのことを書かれてい

ます）

ＮＬＰは、言語／非言語による人間の反応の仕方に注目していますが、ＤａｉＧｏ氏はまさに、パフォーマンスの際の環境と条件と、そして、人に与える言語を駆使して相手の心理を見抜いているのです。メディアでのＤａｉＧｏ氏はときにうまくいかないことがあります。それは、種も仕掛けもなく、その場での真剣勝負をしているからこそ、起こりうる現象であると言えます。

ＮＬＰは人が成果を発揮するためにある

バンドラーとグリンダーは、３人のセラピストを分析する中で、彼らの言葉の使い方や心理学的なアプローチを分析しました。そして、「なぜ」３人は優れた成果を出しているのかを紐解いていったのです。

そして、グリンダーとバンドラーは、３人のアプローチの手法と言葉の使い方に秘密を発見することに成功します。

人は、自分が体験した出来事を五感（神経）「視覚・聴覚・触覚・味覚・嗅覚」を通して認識し、言語／非言語によって意味づけを行い、記憶として定着させます。（例：レモンを食べた経験（味覚）を酸っぱい（言語）として意味づけし、記憶する）そして、私たちは生まれてから数えきれないほどの経験と体験から様々な意味づけを行い、考えや思い込みというものをつくってきました。そして、ある程度の年月が経つと、考え方や反応の仕方にパターンが生まれます。このことをＮＬＰでは「プログラミング」と言っています。

私たちは、考え・行動を様々な経験を通して五感と言葉／非言語によってプログラミングしてきているのです。そして、一度プログラムができると、その後は条件反射のようにパターン化され、反応するようになっていくと言われています。（わかりやすい話は喫煙や通勤ルートなどでしょうか）

プログラムはプラスのものもあればマイナスのものもあります。この思考パターンや行動パターンをよりよい方向へ変えていこうとするのが、ＮＬＰ（神経言語プログラミング）なのです。

NLPが学校現場で活用できるわけ

前項で説明させていただいたNLPがどうして学校現場で活用できるのかをここでは考えてみます。

NLPが学校現場で活用できるわけはとてもシンプルです。

学校は人の集まる場所だから

学校にはたくさんの人が集まります。私が現在勤務している学校の児童数は300人以上です。大規模校になれば、児童数1000人という学校もあれば、逆に小規模校でも数十人の子どもたちが集まる場合がほとんどです。また、そこに教職員の数を足したり保護者の数を足したり地域の人の数を足したりすると、本当に多くの人たちが学校という場所に行き来していることがわかります。そして、私たちは、子ども、保護者、同僚、管理職、そして地域の人など、たくさんの立場の方々と関係をつくりながら学校での仕事を果たしていっています。

NLPの強みの一つとして

人間関係の向上

があります。人の悩みの90％以上が人間関係とも言われており、私たちが生活をしたり仕事をしたりするうえで**「人間関係をどうするか」ということは、とても大きなテーマです。**そして、そのテーマに立ち向かっていく際に大きな強みとなるのが「NLP」なのです。

NLPの前提

NLPには、様々なノウハウやスキルがありますが、それらを駆使する前提として掲げられているものがあります。それが「NLPの前提」です。

今から、少し長い紹介となりますが、NLPの前提（全15項目）を紹介します。ひとつひとつを読んでもらいながら「学校現場でならどのように活用できるかな」という視点で読んでみてください。ただ読むだけでは、得られることは少なくなりますが、「得たい成果」を設定して読んでいただくことで、よりNLPの前提があなたにとって役立つ物へと変容していきます。

【NLPの前提】

1　相手の世界観を尊重すること。

2　その人に関する最も大切な情報は、その人の行動から得られる。

3　行動は適応するための調整であり、そして、行動はそのとき選択可能な最もよい選択なのである。

4　その人の行動がその人自身ではない。その人を受け入れ、行動を変化させる。人は、使える限りのリソース（資源・能力）をもとに最善を尽くしているだけである。過去に、完璧でなかったときがあっても、それはすでに過去のことである。そのときの自分はもう許してあげる。よって、他人を許すこともできる。ただ、私たちは（自分たちの行動の）責任は取らなければならない。

5　最も柔軟（フレキシブル）な行動を取ることのできるシステム（人）が、システムを取り仕切ることができる。それが「必須多様性の原則」である。私たちが求めるのは柔軟性である。

6　行動と変化は、コンテクスト（背景・状況・文脈…）とエコロジー（生物と環境の相互関係）という観点から評価されなければならない。

7　人は、成功するための能力をすべてもっている。（リソース（資源・能力）のもたない人は存在しない。存在するのはリソース（資源・能力）のたりないステート（心の状態）だけ。）

8　クライアントからの抵抗は、ラポールの不足を示している。反抗的なクライアントなど存在しない。あるのは柔軟性がないコミュニケーターだけ。
9　あなたに返ってくる返答は、あなたが送り出したコミュニケーションの真意に対応する。
10　精神と身体は互いに影響し合う。
11　私たちが使う言葉は、それが表象する出来事や物事そのものではない。マップはテリトリー（領域）ではない。（ひとつの出来事は個人によって捉え方が変わるということ）
12　私が私の精神を管理している。よって、その結果も管理しなければならない。
13　失敗は存在しない。フィードバックが必要なだけ。
14　すべての手順は、選択肢を広げるものでなければならない。
15　すべての手順は、全体感や統一感を増長すべきものである。

以上が「NLPの前提」と呼ばれるものです。（※注　このNLPの前提は私が橘氏に倣ったものをもとに掲載しています。NLPの協会などによって、若干内容が異なります）

さて、みなさんはこの15の項目を読み、どんなことを感じたでしょうか。読んでいて「これ、その通り！」というものもあれば「これは、こういうことなのかな？」と解釈に時間がかかったものもあったかと思います。どの前提も「もし、学校現場で活用するなら…」という視点で捉えることで、活用の幅がうんと広がります。それぞれの学校で最大限に活用できる方法を探ってみてください。

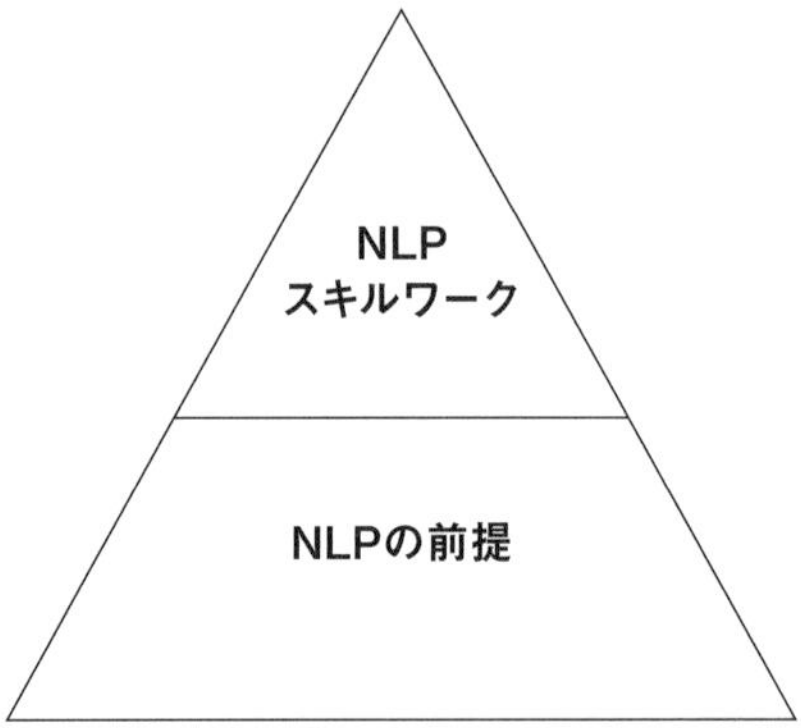

NLP のスキルワークは NLP の前提を土台に

そして、このＮＬＰの前提は、この後紹介するＮＬＰのスキルやワークを実施するうえでの「前提とする考え方」です。例えば「5、最も柔軟（フレキシブル）な行動を取ることのできるシステム（人）が、システムを取り仕切ることができる。それが『必須多様性の原則』である。私たちが求めるのは柔軟性である。」という前提がありますが、紹介するワークやスキルはあくまでも一つの方法であり、柔軟に変化させていってもよい、むしろ、その場面に応じて変化させていくべきなんだということです。

ＮＬＰのスキルやワークには、常にこの15の前提があるということを踏まえて活用してください。

「アウトカムの設定」でその活動の本来の意味を捉える

ＮＬＰのワークで一番初めに行われるものがあります。それが、です。アウトカムの設定とは、つまり「ゴールの設定」のことです。NLPのワークでは、「このワークを通してどんな成果を得たいですか？」と、ワークの冒頭で質問する場面があるのがほとんどですが、この得たい成果を意識するのとそうでないのはかなり大きな違いがあるのです。

ここで「人はこの瞬間にどれだけの情報を得ているのか」というお話をします。

ある研究者は次のように言います。

> 人は、視覚情報や嗅覚情報、そして体性感覚情報などを合わせると、全身から脳に伝えられる情報は、1秒間に数百万ビットもあると言われている。しかし、意識にのぼる情報はわずか40ビットに過ぎない。

このことを知り、どんなことを感じましたか？現時点での私の聴覚情報のみについてお伝えすると、今、私はこうして夏の暑い日に部屋にこもってこの原稿と向き合っているわけですが、何も考えずにPCと向き合っていると、キーボードの打つ音しか聞こえてこないのですが、ちょっと意識を他にしてみると、扇風機が回っている音や、家族の会話の声、隣の部屋で流れているTVのわずかな音も聞こえて

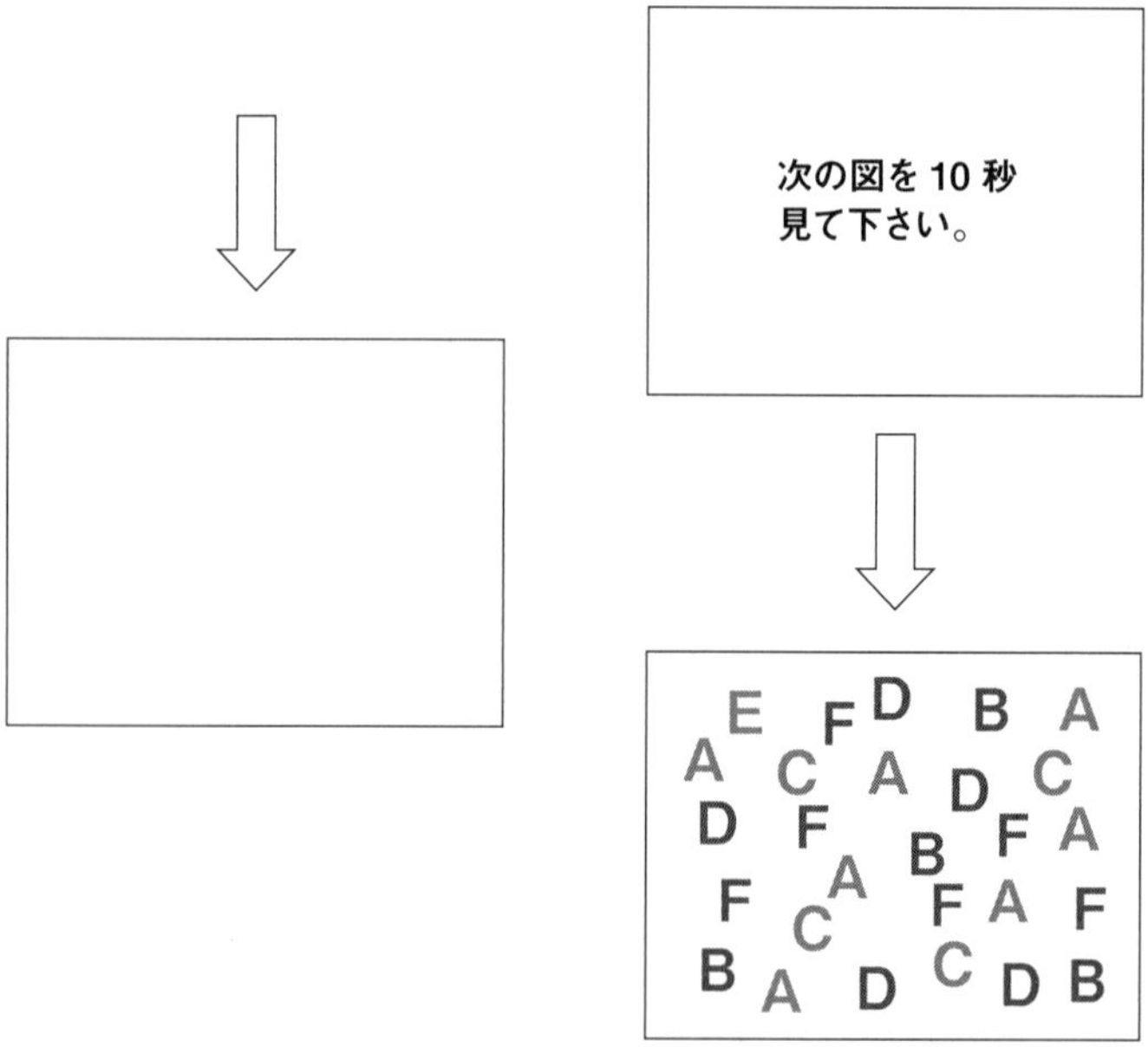

きます。

他に視覚情報では、原稿に集中していれば、PCの画面しか見えませんが、ほんの少し意識を外してみると、PC周りだけでもボールペンやメモ用紙、飲み物やスマートフォンなど様々なモノが目に飛び込んできます。中には「あっ、そんなものもあったんだね…」というものも…。体感情報も同じで、意識を向けるだけでキーボードと指の触れる感じや椅子に座っている感じなど、様々な情報を得ることができるのです。

この「意識しているものしか見えない」ということを理解してもらうのに、上のようなワークをすることがあります。

そして、「Bはいくつありましたか?」と、記号を限定して数量を聞きます。聞かれ

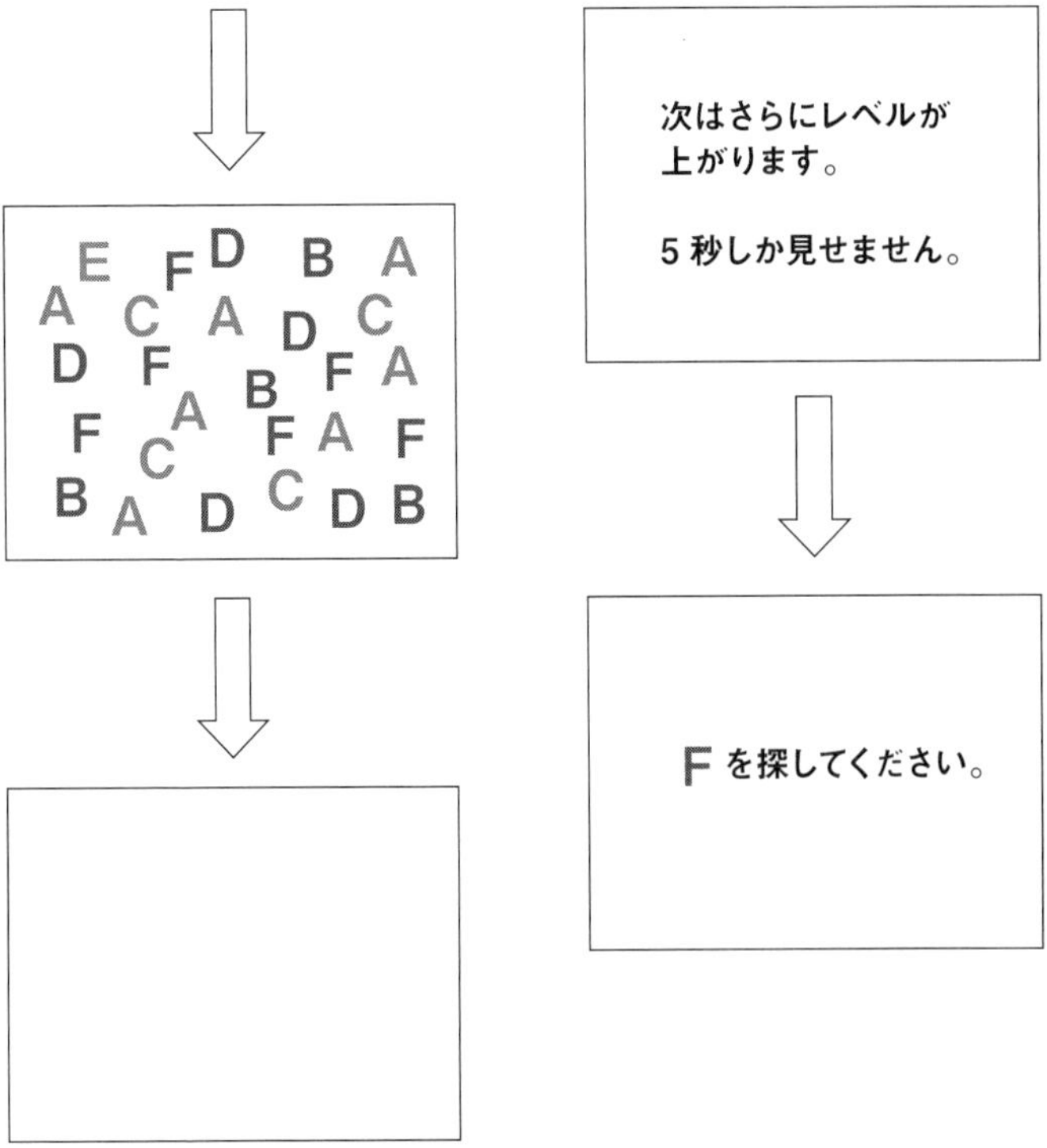
次はさらにレベルが
上がります。
5秒しか見せません。
Fを探してください。
E F D B A
A C A D C
D F B F A
F A F A F
C
B A D C D B

た人は、ばらばらな数字を答えます。「3です」「4です」「5です」などなどです。全員が正解するということはありません。正解する方もいれば、間違えてしまう方もいます。

そして、次のワークに進みます。

Fの数を尋ねると、今回は5秒しか見せていないのに、ワークを受けた全員が正解します。どうして5秒しか見せていないのに、全員が正解するのでしょうか。

すでに、答えはおわかりかと思いますが、様々な記号の入った図を見せる前に「Fを探してください」という指示があったからです。この指示により、6種類ある記号の中で「Fを探す」という目的意識が生まれました。つまり「アウトカムの設定」がなされたわけですね。

このように、人は「目的意識」をもつことでより成果を発揮することができます。成果を発揮するとは、多くの中から、自分の得たい成果を絞り込み行動することなのかもしれません。

では、**学校での教育活動で、明確に「得たい成果」を絞り込んで活動することができているでしょうか。**子どもたちに「何のために学校へ毎日来ているの？」と聞いたときに、その子どもなりの答えが返ってくるでしょうか？

「勉強することはどうして？」「友だちと仲よくするのはどうして？」「学級の当番活動をするのはどうして？」などなど、子どもたちが日々取り組んでいる活動への「アウトカムの設定」が子どもたちの中でなされているかどうか。そして、先生も同時になされているかどうか。そんなことを見直すこともNLPを通して実施することができます。

私が「アウトカムの設定」をしなかったがために失敗した取り組みについて最後に紹介します。

ある年の運動会でのことです。これまでの組体操を止め、新たな取り組みを始めようとしたのですが、なかなか思うように練習が進みません。練習がうまく進まないということは、完成度が低いということであり、「このままではいけない」と、とにかく練習に時間を費やし続けました。運動会が終わってから時数計算をすると、なんと50時間をゆうに超えていました。私はアウトカムの設定を意識して行っていませんでした。そして、無意識の中では「観ている人によりレベルの高い演技を見せたい」と思っていたのです。運動会終了後、無事に団体演技が終わったものの、なんとも言えない心境になりました。「何のために運動会の指導を行っていたのか…。」私の指導は、そもそも、運動会指導の目的を見誤っていたのでした。

「何のために」というアウトカムの設定が、正しい成果を生み出すと実感した体験となったのでした。教育活動のアウトアカムの設定をするだけでも大きく成果を変えるのだと思っています。

ラポールの形成

人間関係をよくするためのスキルやノウハウが多く存在します。学級がうまくいく、保護者との関係がとてもよい、職員室での自分の提案が通る、などのことです。これまで様々なスキルやノウハウが溢れているのに、人間関係がうまくいかず、仕事がうまく進まずに悩みを抱える方が多くいらっしゃるのはどうしてなのでしょうか。人間関係や、仕事の良し悪しを決定づける要素は次のことになります。

ラポール

NLPの前提に次のような前提が位置付けられていました。

> クライアントからの抵抗は、ラポールの不足を示している。反抗的なクライアントなど存在しない。

「人間関係がうまくいかないのは、ラポールが不足しているだけだ」ということになります。

「○○さんと自分は合わないんだ」「○○さんから認められようとしても決して認められない」「まだまだ自分の能力が足りない」などと思われがちですが、そこには、ただ、ラポールが不足しているだけだと言えるでしょう。

では、そもそもラポールとは何なのでしょうか。まずは、そこから具体的に説明していきましょう。

ラポールとは

ラポールは、次のように説明されます。

ラポールとは信頼関係の構築

フランス語で「架け橋」を意味します。また、NLPでは、コミュニケーションの基本の流れとして

ラポール
（キャリブレーション）
（ページング）
↓リーディング

と説明できますが、コミュニケーションの出発点が「ラポール」となっていることからも、その重要性がわかっていただけることでしょう。

職員会議でのある場面

職員室で、次のようなことが見られることはありませんか？

Aさんと Bさんが同じ内容のことを提案しているのに、Aさんの提案は通らないのに、Bさんの提案はなぜか通ってしまう。

この現象を、多くの方は「ひいき」「差別」「不公平」などと捉えるかもしれませんが、実は、それは誤りなのです。これには、提案している人と職場の方のラポールが大きくかかわっています。極端な話にすると、

Aさん…新卒教師
Bさん…経験年数20年の学校の多くの校務分掌をこなしている先生

これだと納得いただけるのではないでしょうか。新卒の先生が4月から仕事としての信頼を集めているという現象はほぼないと言っていいでしょう。それは、職場の方とのラポール、つまり信頼関係の差なのです。**「何を言うかではなく、だれが言うかである」**とは、多くの著名人が引用して使っている言葉ですが、からくりはこういうことだったのです。

仕事とは常に自分の周囲の人間関係によって、さらにいえば、周囲の人同士の人間関係によって成果が変わるということを頭の中に入れておかなくてはいけません。

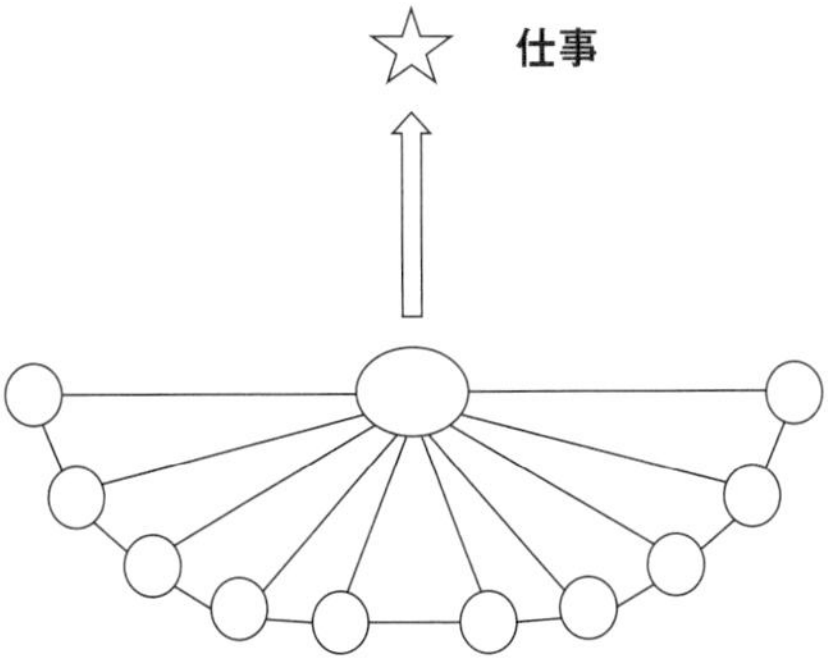

仕事の成果は自分と周囲との人間関係、周囲の人同士の人間関係で成果が変わる。

また、場面を教室に移してみましょう。

授業のとても上手いと評判のある教師Aがいます。研究授業や公開授業ではいつも高い評価を得ていて、多くの先生の目標ともされているような先生です。本人も、授業研究に熱心で、自分で進んで勉強することも欠かしません。その姿勢はだれもが認める立派な姿です。

一方、別の教師Bは、授業研究があまり好きではありません。できれば、公開授業の機会は避けて通りたいと思うし、空いた時間には自分の趣味の時間に費やし、仕事のことからは離れたいと思っています。周囲からは「もう少し勉強したら?」と、いつも叱責をもらっています。

もし、この2人の教師がいたとして、次のような状況になっていたとしたら、みなさんは、どのように考えますか。

もう学年も終わりの2月ごろ、A教師のクラスはうまくいかなくなってきました。先生とクラスの子どもたちはどことなくぎくしゃくしていて、あまり自分の学級のことが好きではないようです。自分たちの親にも「早く新しいクラスになりたい」「A先生だけはなりたくない」ともらしているようです。

一方、教師Bは毎日笑顔で子どもたちと過ごしています。学級最後のお楽しみ会も企画され、学年末を楽しみにしている反面、今の学級が解散してしまうことを考えると悲しい気持ちになり、複雑な気持ちです。保護者からも「いいクラスだねぇ」と評判を得ています。

もし、「学級がうまくいっているかどうか」という言葉で判断するならば、明らかに教師Aの学級はうまくいって

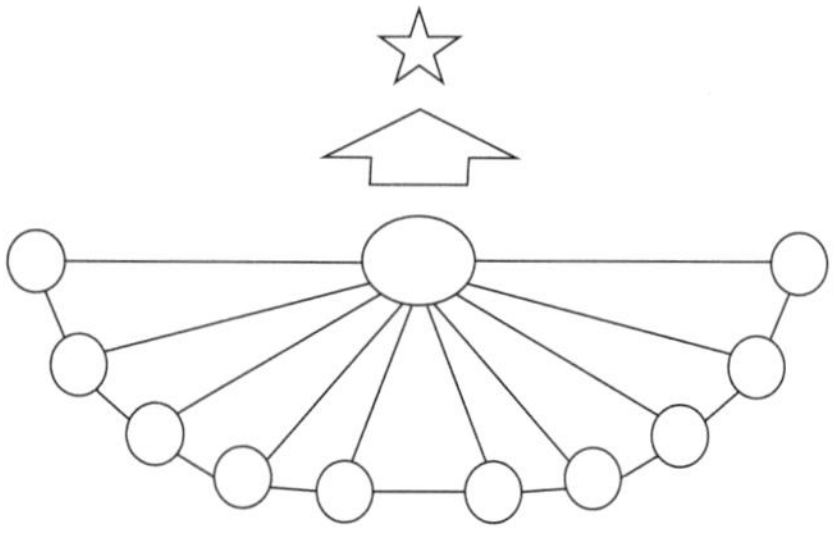

〈よりよい授業の図〉
よりよい授業は、「教師と子ども」「子どもと子ども」との人間関係が築かれていることが前提。

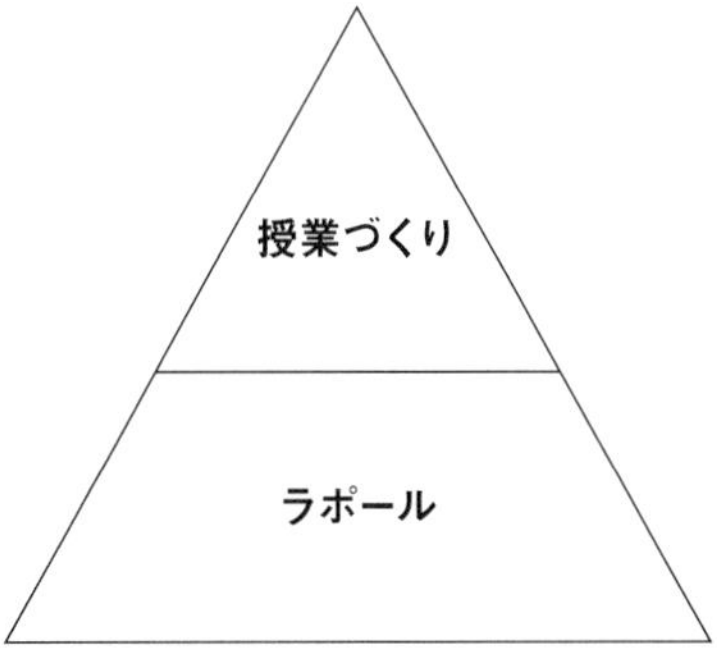

授業づくりは確かなラポールのもとに進められなくてはならない。

いない状況にあり、教師Bの学級はうまくいっていると言える状況です。

どうしてこのような状況になったのか。みなさんはどう考えますか。

そうです。みなさんの考えるとおり、教師Aは子どもたちとのラポールを形成するという視点を外して授業研究に没頭してしまったのです。授業とはいえ、「先生と子どもの人間関係」「子どもと子どもの人間関係」なくして成立することはありません。よき授業には必ずや、よき人間関係がなければならないのです。

授業でも、職員室の仕事と同様に、教師と子どもの関係、子どもと子どもの関係で成果が変わるということを押さえておかなくてはいけないのです。

ラポールがなかったことによる失敗

今、こうして「ラポール」が何より前提として大切という私ですが、私にもラポールをうまく築けなかったことで失敗した経験がたくさんあります。特に、今から数年前に起こした失敗は今思うと「そりゃ、そうなるよなぁ」という事例の失敗でした。

その頃の私は、中堅教師と呼ばれるようになり、「何か自分なりのものを手にしたい」という気持ちであふれていました。もともと、初任のときの経験で「教師がより成長することが子どもたちの成長につながる」という経験を自分なりに強くもち「教師がどう成長するのか」ということへ意識を強く向けるようになっていったのです。

そして、ある年の学級で、子どもたち同士が学び合うスタイルの授業を知り、ぜひそれを取り入れたいと思い、これまでの私にはなかった実践に挑戦することにしました。「教師が一方的に教えるだけでなく、子どもたちが学び合う授業のほうが絶対にいいに決まっている」と判断し、自分の授業でも積極的に取り入れるようにしたのです。

こうした授業のスタイルに子どもたちも大変喜びました。私が気になっていたテストの成績も心配していたような結果にはならず、全体としては少し向上しました。よって、自分の実践は間違いではないだろうと思い、進めていくことにしたのです。

ただ、そうした中である子どもと保護者の方に大きな不安を抱かせることになってしまいました。保護者の方は個人懇談会などを通して私に実践への不満を伝え、私だけではなく、となりのクラスの先生や管理職の先生にまで相談に行かれていました。これは、明らかに私の配慮不足であり、説明というコミュニケーションの不足から、ラポールを築き上げることのできなかった事例です。

こうしたことを一度でもしてしまうと、ラポールの回復には相当の時間を要します。こうしたご意見をいただいたのが夏ごろでそれから何度も対話を重ねましたが、秋の学習発表会になってもその方との信頼は回復することはありませんでした。

どれだけ優れていると言われる方法であっても、それをつくりあげるのはその場の教師と子どもと保護者です。つまり、どんな方法を行うにしても、イチからていねいにラポールを築かなければいけないと私はこの事例から学びました。教師として、よりよいと思う方法を子どもと保護者のラポールが築けているかどうかをていねいに確認しながら進めていく必要があることは、（本書を読むみなさんには、必要のないことかもしれませんが）改めて重要さをお伝えします。

評価のうえでも欠かせないのがラポール

最後に、教師であるがゆえに避けたくても避けることのできないことについてお話します。それは「評価」についてです。教師と子どもという関係である以上、「評価をする」という関係はなくすことができません。

そして、ここまで本書を読んでいただいているみなさんであれば、すでにおわかりのことと思います

効果的な評価をするための関係図

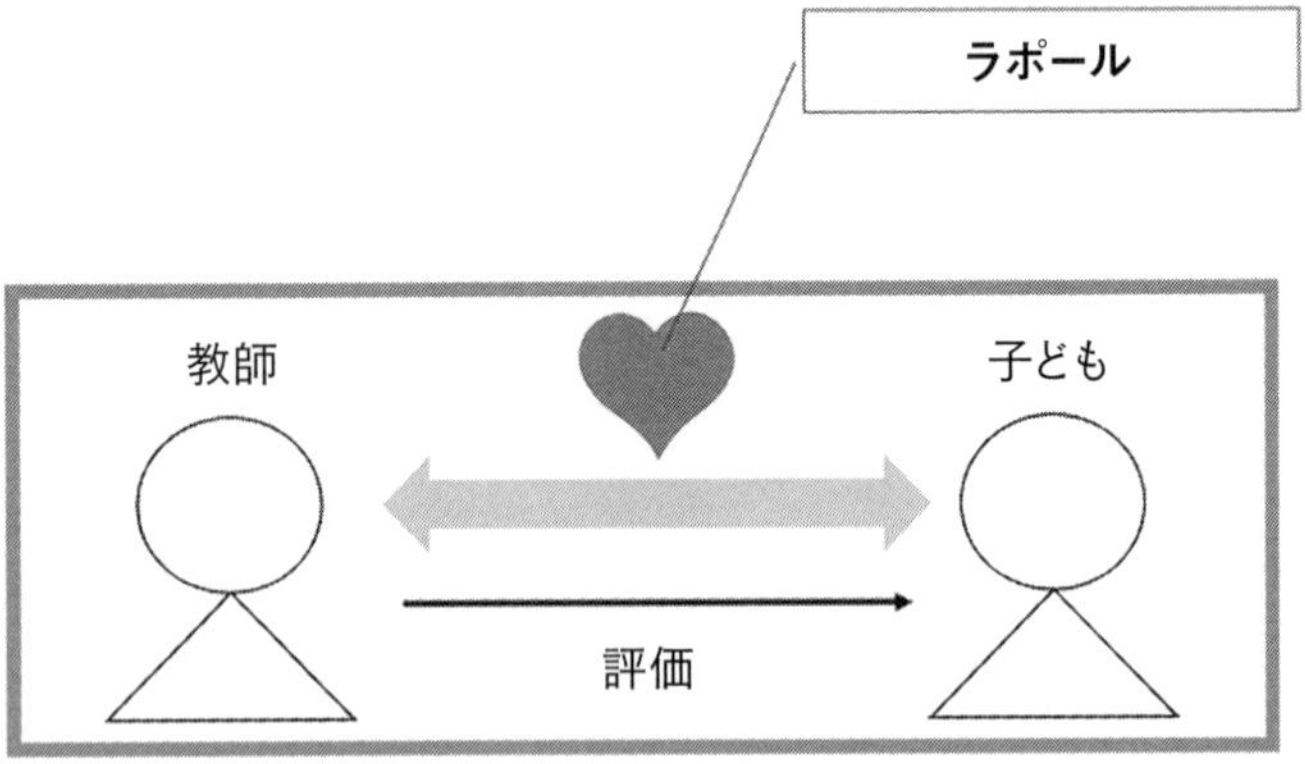

が、教師が子どもに評価をするうえで、絶対に欠かせないものがあります。

それは、もちろん

ラポール

です。

「あんな先生なんか…」

「先生みたいな大人にはならない」

「早く先生のクラスから離れたい」

そのように思われている先生から出される評価がその子どもの励みとなるのでしょうか。

答えは、当然、ＮＯです。

評価というものは、尊敬できる人から受けるからこそ、効果をなすのであって、ラポールすら築くことのできていない人からの評価では、効果のある評価ができないことは明白でしょう。

では、そのラポールを形成するためには、どんなことが必要なのでしょうか。本書では、そのスキルの様々を紹介しますが、まずは、大きな効果を発揮し、さらには、すぐに活用できるスキルをこの後に紹介しましょう。

キャリブレーション

前項で、人間関係を充実させるのに必要なことは、とにかく「ラポールの形成」と言わせていただきました。

では、どのようにしてラポールを築けばよいのでしょうか。

ＮＬＰでは、ラポールを築く上での基本スキルとして次のふたつのスキルをあげています。

ラポール
（キャリブレーション）
（ペーシング）
↓リーディング

まずは、この2つのうちの「キャリブレーション」から取り上げていきます。

キャリブレーションとは

次のように説明されています。

> キャリブレーションとは…
> 相手がどのような心理状態にあるのかを言語以外のサインで情報を見分けようとすること

人は、無自覚のうちに様々な情報を出しています。それは、意識よりも無意識が自分自身の反応に関係があるからとも言えます。

例えば、次のようなことは意識して行動しているというよりも、無意識的に反応しているという方が正しいのではないでしょうか。

・睡眠不足であくびが出る
・1000人の前で話をするので、緊張して汗が出る（心臓の鼓動が速くなる）
・待つ時間にイライラし、貧乏ゆすりをする

・目の表面のごみや渇きを取るために瞬きをする
・人の話を真剣に聞くという思いから、じっと相手のことを見る

他にも、私たちが無意識的に体を反応させていることが山ほどあります。そうした相手の情報を読み取り、よりよい方向へと進めていくための情報を得ることがキャリブレーションなのです。つまり、キャリブレーションは、相手をよく観察し、相手の状態を気付く力とも言えるのです。

相手の言葉にしない情報だからこそ、相手の本音に気付いてあげることができるのです。元気のなさそうにしている子どもが「大丈夫です」と言っていても、その言葉がその子どもの本音を表していないことは明白です。

では、私たちはどうやって言葉にしていないその子どもの本音を察しているのでしょうか。それは、その子どもの表情・しぐさ・向いている方向・声の調子だったりと様々なことから読み取っているわけです。

そして、「大丈夫？ 顔色がよくないよ」とこちらの思いを伝えた後に、その言葉を相手が受け止めたのか、拒否したのか、それともまた別の判断を取ったのかを把握するために、また表情を見たり目の動きを見たり声色を聞き分けたり仕草を注意深く見たりするのです。

私たちは普段からそうやって「非言語」の情報も随分と頼りにしながら相手とのコミュニケーション

を深めています。**つまり普段私たちが、それこそ無意識で行っていることを意識的に行っていこうとするのが、キャリブレーションというわけです。**

では、キャリブレーションをする際に、どのようなところに気を付けて相手を観察すればよいのでしょうか。ここにあげるのは、あくまでも一例であり、その他のことからも相手の情報をキャッチすることができることを先に記しておきます。

■姿勢

姿勢が曲がっているのか、伸びているのか　肩がまるまっているか張っているか　足は組んでいるのか揃えているのか

■動き

速いのかゆっくりなのか　揃っているのかバラバラなのか　規則的か不規則的か　すぐに動くのか時間を空けて動くのか

■手足の動き（身振り手振り）

動きがあるかないか　どんな動きか　速いか遅いか　大きいか小さいか

■呼吸の変化
浅いか深いか　胸でしているかお腹でしているか　速いかゆっくりか　規則的か不規則的か

■表情の変化
皮膚の色はどうか（感情が高ぶっていれば赤色に）こわばりはあるか　しわはできているか　目の動きはどうか（アイアクセシングキューという内容を第二章で説明しています）まばたきの速さはどうか

■声のトーン
緊張しているか落ち着いているか　低いか高いか　浅いか深いか　抑揚があるかないか

■声のテンポ
早いか遅いか　間があるかないか　規則的か不規則か

いかがでしょうか。このスキルの中で、どのスキルを一番に試してみたいと思いましたか？

こうしたことをひとつでも意識して相手とかかわるだけで、これまでとは違った世界で相手のことが見えるはずです。そして、意識してみると、これまで気が付かなかったような情報にいくつも気が付くことができるようになります。

もし「どうしたらキャリブレーションの力を高めることができますか？」と質問を受けたとするならば「とにかく意識して人とかかわる機会を増やす」という答えになります。キャリブレーションはこうしたからすぐに能力が向上するというものではなく、日々の小さな積み重ねで、少しずつ能力が発揮されていくようなものです。

キャリブレーションを実践する機会はたくさんあります。人とかかわることを仕事の中心とする私たちです。その機会は無数にあると言っていいでしょう。

例えば…。

授業中に子どもたちの様子をキャリブレーションします。今、だれが学習に集中していて、だれが集中できていないのか、よくキャリブレーションするとすぐにわかります。授業中あまり発言しない子どもでも、その様子をみることで、他の子どもの意見や先生の説明、もしくは熱心に調べ学習をしていることが伝わってくるでしょう。

また、普段あまり目を向けない子どもをよくキャリブレーションすると、実は、学習に入り切れていない場面があることに気が付くこともできます。

休み時間に子どもたちの様子に目を向けてみます。普段は何気なく「○○さんと○○さんが仲よくしている」と、把握しているよりもさらにキャリブレーションをすることで子どもたちの関係について知ることができます。あの子はあの子に気を使っているのかな？あの子とあの子は本当に心を許し合っているな、などなど、グループメンバーや行動の把握だけでなく、それぞれの子どもたちが今どんなことを感じているのかを、ほんのわずかですが感じ取ることができます。

また、保護者や子どもたち、または同僚の方や管理職の方との個別で話をするときにもキャリブレーションを使ってみましょう。今、相手はどんなことを思っているのか、何を思ってその言葉を選んでいるのか、自分の話している言葉をどう受け止めているのか。そんなことが見えるようになってきます。そうやって小さな情報を把握することで、次に自分がどうするべきかという行動が見えてくるのです。

また、キャリブレーションをしてすぐに感じとれることがあります。それは、

相手の話をより聞こうとしている状態に自分がなっている。

ということです。つまり、ただ聞くだけでなく

傾聴

という状態になっているのです。これは、より相手を知ろうというモードで話を聞くので、そうなるのは当然と言えば当然のことなのですが、これが相手のラポールを大きく築くきっかけとなります。話をじっと聞いてくれるということは、相手にすれば「自分を受け入れてもらえた」と強烈に感じてもらえ

ることなのです。

こんな言葉を聞いたことがあります。

「話をしすぎる人は嫌われることがあるが、
話を聞きすぎる人が嫌われるということはない」

つまり、話を聞くということは、それだけ重要なことであり難しいことであるということです。

キャリブレーションで成果をあげる先生たち

これまで、このキャリブレーションという小さなスキルで大きな成果を上げている先生たちをご紹介します。ただ、その本人たちは「キャリブレーション」というものを意識的に使っているのではなく、ごく自然に使っていました。それぞれのエピソードを知り「それは、キャリブレーションをうまく活用しているな」と後で私がそのエピソードに価値付けした形になります。

○気になるあの子をキャリブレーションして1年を乗り切ったA先生

A先生は6年生を担任することになりました。そして、引き継ぎの段階で「気になるCさん」のことを聞いていました。Cさんは、前年度、担任の先生の言うことを聞くことができず、授業や学校のルールを守ることができずに、学級の秩序を乱してしまっていました。

そんなCさんも初めて出会うA先生がどんな先生なのか気になります。Cさんだけでなく、先生も子どもも、出会いの時期である4月は「どんな先生なんだろう」「どんな子どもなんだろう」とお互いに気にし合うものです。Cさんは、A先生がどんなことで注意するのか、私のことを受け入れてくれるのか、いろいろなことを気にしていました。

もちろん、CさんのことをA先生も気にしていました。クラスになじめるだろうか、落ち着いた学校生活を送ることができるだろうか、そんなことを気にしながらCさんの行動や表情、仕草を注意深く見ていたと言います。

出会ってはじめて、Cさんが学級の秩序を乱そうとした瞬間がありました。その瞬間をA先生は見ていました。Cさんも気になってA先生を見ました。そのときにお互いに目と目が合ったそうです。そして、Cさんは、何も言わずに、周りに気が付かれることなく、その行動を止めたと言います。A先生は、そんなCさんを見て、特にその場で注意する必要はないと判断し、何も言わなかったそうです。

そのときの目と目の会話で、A先生とCさんは、良好な関係を保ったまま1年を過ごすことができたそうです。もし、出会いの時期での「目と目の会話」がなければ、少しずつ歯車が狂っていったのかもしれません。こうした小さな動きと、注意深く情報を得ようとすることで、良好な関係を築くことができるという代表的なエピソードです。

○いつも子どもたちのことをわかっていたいという思いのB先生

B先生はいつも子どもからも保護者からも強い信頼を得ています。その要因を私なりに分析した結果、やはり「キャリブレーションの能力が高い」ことが言えます。B先生はいつも子どもたちのことを気にかけています。表情が曇っている子がいれば声をかけ、体調が悪そうな子には声をかけ、さみしそうにしている子には声をかけます。そして、そんなときには、保護者への連絡も欠かさず取るようにしています。

どれも当たり前のことのようであり、難しいことのようではありません。もしかしたら、このように本で書くほどのことではないのかもしれません。ただ、それでも、この小さな行為を積み重ねることで、大きな信頼を得ていることもまた事実です。

みなさんは、この二人の先生のエピソードから、どんなことを感じましたか？

人間関係がうまくいく超大前提

ペーシング

ＮＬＰの基本的なコミュニケーションの流れをもう一度紹介します。（それくらい大切です）

ラポール
（キャリブレーション）
（ペーシング）
↓リーディング

本項では、ラポール形成のために必要なもうひとつのスキルである「ペーシング」について触れていきます。

ペーシングとは

次のように説明されています。

相手の話し方、状態、呼吸などのペースを合わせること

です。相手のペースにいろいろな要素を合わせていくことで、その人と信頼関係を構築していきます。

人は、「自分と同じ」と思うことで、信頼関係を築くことができます。お昼ご飯のタイミングが同じだった、偶然、同じ色の服を着ていた、たまたま同じボールペンを持っていた、などなど、人は自分と同じ要素をもっているだけで安心感や親近感をいだきます。これを意図的にねらったスキルを**ミラーリング**※1と言いますが、この効果をペーシングではねらっています。

例えば、次のようなことをペーシング（相手と合わせていく）します。一つひとつ具体的にみていきましょう。※キャリブレーションのときに注目した要素と似ています。

・**ボディランゲージ**

姿勢　動き　表情　まばたき

相手がきちっとした姿勢をしているときには、きちっとした姿勢を見せます。また、相手が姿勢を崩しているときには、わざと姿勢を崩してみます。相手が笑顔でいるときには笑顔で、悲しい顔をしているときには悲しい顔をしていくなど、姿勢・動き・表情、そして、まばたきのタイミングまで相手に合わせる意識で相手に接していきます。

・**声の調子**

元気な声の人には元気な声で返していきます。小さな声で話される人には小さな声で話すとペーシングすることができます。大きな声ではきはきと授業する先生が研究授業をした際には、同じくはきはきと話をして授業をするタイプの先生には、共感されます。しかし、普段から声を小さくしている先生には、「声が大きすぎる」「印象がきつすぎる」といったように捉えられます。声の速度や間にも注目してみましょう。早口な人には早口で、ゆっくり話す人には、ゆっくりと話します。

・**呼吸**

呼吸をよく観察すると、「呼吸が速い人・遅い人」「呼吸が浅い人・深い人」などに気が付けることと思います。また、肩が上がる人もいれば、胸が動く人もいます。そうした点も観察（キャリブレーション）し、合わせていくことで、ペーシングに成功します。

・使っている言葉

使っている言葉にも注目してみましょう。例えば、マクドナルドの言葉の違いは有名ですね。関東地方では「マック」、関西地方では「マクド」などの違いがあると言われますが、関西地方の人が関東地方の人と言葉のペーシングをしたいときには、「マクド」と呼ぶようにしてみます。また、マクドナルドのような極端な例でなくとも、人には、使い慣れた言葉遣いが存在します。相手の言葉をよく聞き、聞きながら気が付いた言葉を意識的に使ってみるとよいでしょう。

・感情

感情も相手にペーシングしていくことで効果を得ることができます。喜んでいる人と接するときに、悲しい感情で接してしまえば、相手に気を遣わせてしまうことは容易に想像がつくことだと思います。相手の感情の状態はどうかな?と意識を向けるだけで、こうしたペーシングもできるようになります。

・相手の感じている時間軸

例えば、相手の話を聞きながら、「どんな時間軸で話しているのかな」と意識してみましょう。過去について話をしているときにこちらから未来のことを話してしまうと水を差してしまうことになりますし、未来についての話をしているときに、過去のことをもち出してしまえば、「今はそれが聞きたいんじゃないんだけどなぁ～」と思わせてしまうでしょう。

学校現場で活用できるペーシング場面

子どもたちと信頼関係をつくるとき、同僚の先生と信頼関係をつくるとき、保護者と信頼関係をつくるときなど、様々な場面でペーシングは活用することができます。ここで、いくつかの活用場面を紹介してみましょう。

教室で

これまで、さまざまなタイプの子どもたちと出会ってきていることと思います。教師という立場かもしれませんし、教師ではない教育実習生や教育支援サポーターなどのような立場かもしれません。そんなときに次のような悩みをもったことはないでしょうか。

「○○さんとは、どうにもうまくいかないなぁ。自分とは合わないのかな」

そうした悩みをもつことは当然のことですし、自然なことだとも言えるでしょう。大人と子どもだからといって、何十人何百人という子どもたちと出会う先生という仕事をしていれば、「合わないなぁ」と感じる子どもがいたとしてもなんら不思議なことはありません。

むしろ「今まで出会ってきた子どもたち全員と呼吸がぴったりだった」という先生がいらっしゃれば、それは神業としか言いようがないと私は思います。子どもたちから見ても「今回の先生とはどうしても合わないなぁ」と思うことがあるのが当然です。学級の中でも数人はそのように思うのが自然なことなのかもしれません。

ただ、「先生と子どもが合わない」という現象は、どちらにとっても幸せにはつながりません。学習効果や教育効果を考えてもプラスに作用することはほぼないと言ってもいいのではないでしょうか。すべての子どもと先生が「ウマが合う」ということは現実問題として可能性はゼロに近いようですが、「先生と子どものウマが合う」ほうが先生にとっても子どもにとっても教育効果から考えてもどうやらよさそうです。

担任の先生が学校にいる間に最も長く時間を過ごす場所が教室です。教室には、様々なタイプの子たちがいます。元気で活発な子や静かでおとなしい子もいれば、ゲームが好きな子がいたり絵を描くのが好きな子がいたりもします。

教室には、そうしたさまざまな子どもたちがいるのですが、当然、その子どもたちによって声の大きさや動きの特徴が違います。物事を慎重に進める子もいれば、なんでもてきぱきとこなすことができる子、せっかちでうまくいかずに困ってしまうような子もいるかもしれません。そうした子どもたちは、それぞれに動くスピードや話す声のスピード、呼吸の深さや速さはちがうのです。もちろん、好きなことや興味のあることも違うはずです。

そうした、一人ひとりの違いにペーシング（相手のリズム・スピードに合わせていく）していってみましょう。元気な声で話しかけてくる子には元気な声で返してやり、ひかえめで小さな声で話しかけてくる子には、そのように応えてやります。また、ボディランゲージを多くする子には、そんな動きも合わせてしてあげたり、そうした動きをしない子の場合には、動きを控えめにしてあげたりして話をするようにします。

そうしたことをしてやるだけで、**実は、子どもはずいぶんと安心感をもって先生と接することができるようになるのです。**つまり、ペーシングというスキルを活用することで「どの子どもともウマが合う」という怪奇現象を意図的に作り出すことが可能となるのです。

個人懇談会

ほとんどの学校で行われている個人懇談会。保護者と1対1で話をするこの機会を「いやだなぁ」と感じている先生は少なくないのではないのでしょうか。

「うまく話がいかなかったらどうしよう」「相手から何かを言われたら…」「伝えたいことがあるけれど、上手く伝えることができるかな」など、たくさんの不安をおもちかもしれません。先ほども言いましたが、**ラポールの形成が最大のカギであり、ラポール形成はキャリブレーション、そして、ペーシングにかかっています。**

では、具体的にどのようにペーシングが個人懇談会で活用できるのかみてみましょう。

(1) 出会い

出会いのときに、相手の状態をよくキャリブレーション(観察)します。相手も先生と話すことに緊張しているかもしれませんし、先生と話すことを楽しみにしているかもしれません。また、仕事から急いでやってきて息が上がっているかもしれませんし、少し待たせてしまって待ちくたびれた状態であることも考えられます。

まずは、そんな相手の状態をキャッチし、できる限り自分を相手の状態へとペーシングしていきます。

(2) キャラクターをつかむ

出会いの状態をつかみ、相手の状態とのペーシングが済んだら、相手のキャラクターとペーシングしていきましょう。

相手の声の調子はどうか、表情はどうか、動きは速く動いているか遅く動いているか、そんなことをつかんでいきます。椅子に座るタイミングもできるだけ合わせるとよいでしょう。(相手が座ろうとするワンテンポ遅らせたくらいで自分も着席するようにします。) そして、動きのペーシングもしていきます。

このようにして、できるだけ相手の調子に自分を合わせていくのです。そのように進めることで「この先生とは話しやすいな」「安心感のもてる先生だな」と、だんだんとラポールが形成させていきます。

(3) 話の内容を合わせていく

そして、保護者の方との話が始まります。いきなり本題を話す方もいるかもしれませんが、まずは、相手が話しやすいことから始めるとよいでしょう。私は「最近、お子さんのお家での様子はどうですか」と、切り出すようにしていますが、そうすることで、相手に話していただけることはもちろん、こちらが相手の話に合わせることができるのです。

内容を合わさずとも、「うんうん」とうなずきながら傾聴したり、「（相手）最近、ゲームばっかりなんです」「（私）最近、ゲームばっかりなんですか」と**オウム返し**（**バックトラッキング**※2と言われます）をしたりします。そうした時間を通してじっくりとペーシングを行い、ラポールの形成を図ります。特に、家庭訪問や1学期の懇談会では、こうしたことをよりていねいに行っていきます。

※1　ミラーリング

ミラーリングとは、目の前にいる相手の姿勢に鏡のように合わせること。鏡のように合わせることによって、話し相手は自分と似ている・近い・同類であるという感覚をもち、親近感・安心感をいだくことができます。また、服装や格好をミラーリングすることも大きな効果があります。首脳会談などでは、ネクタイの色を合わせるようなこともしています。

※2　バックトラッキング

バックトラッキングとは、日本語では「オウム返し」と呼ばれます。バックトラッキングの目的は、相手の話を聞いていることを示すことと、相手に自分が発した言葉を再認識してもらうことです。そのため、できるだけ相手の使った表現そのままを返す必要はありますが、一語一句同じでなくてはならないというわけではありません。

最後に、ＮＬＰの基本的なコミュニケーションの流れである

> ラポール
> （キャリブレーション）
> （ペーシング）
> ↓リーディング

のリーディングについてお話をします。

リーディングとは

相手を導くことを言います。ラポールを築く段階では、相手を観察し、相手に合わせることに焦点を当てていきますが、それだけでは、こちらの意図を相手に伝えることができません。

子どもや保護者、職員室の先生とうまくいかなかった要因のほとんどは「ラポールを築かないままにリーディングをした」とも言えます。なので、ラポールを築くことを大切にしていきましょうと話を続

けてきましたが、ラポールを十分に築いたあなたは、相手へ自分の意図を伝えてもよいのです。

ペーシングを行い、ラポールを形成することで、この後にこちらから伝えたいことを相手が受け止めてくれる幅が大きく広がることは説明する必要もありません。まずは、**ペーシングをしつつ、ラポールを形成していくことで、より効果的に進めることができるのです。**

CHAPTER

2

良好な対人関係を築くスキル

良好な対人関係を築くスキル

VAK&サブモダリティ

人は五感を使って情報を得ています。そして、その情報はより細かな要素として捉えています。

とくに、NLPでは、情報を捉える器官は主に次の3つとしています。

VAKとは

次の図から考えていきましょう。

視覚…Visual(ヴィジュアル)

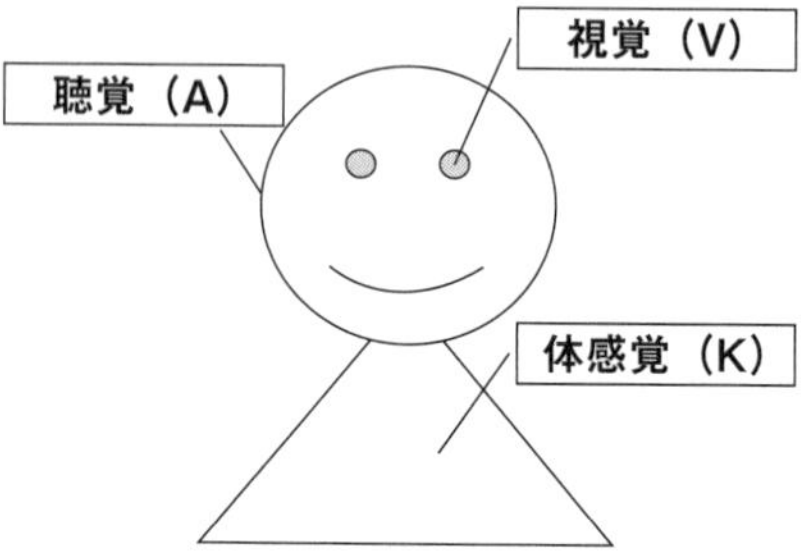

聴覚…Auditory（オウディトリィ）
体感覚…Kinestic（キネスティック）

そして、この3つの頭文字をとって

VAK

と、情報を捉える主な3つの器官を表しています。この「VAK」は、NLPの様々なスキルやワークで大きく関係してくるので、頭の中に入れながら、読み進めてもらえたらと思います。

本項で扱うサブモダリティの話に入る前に、この「VAK」のことをもう少し説明させていただきます。

例えば、強い風が吹いていることを私たちはどのように捉えているのでしょうか。どんな器官を通して、どんなことからどんなことを感じているでしょうか。

下の図のように、3つの感覚を主に使って私たちは情報を

風が吹いたときのシチュエーション

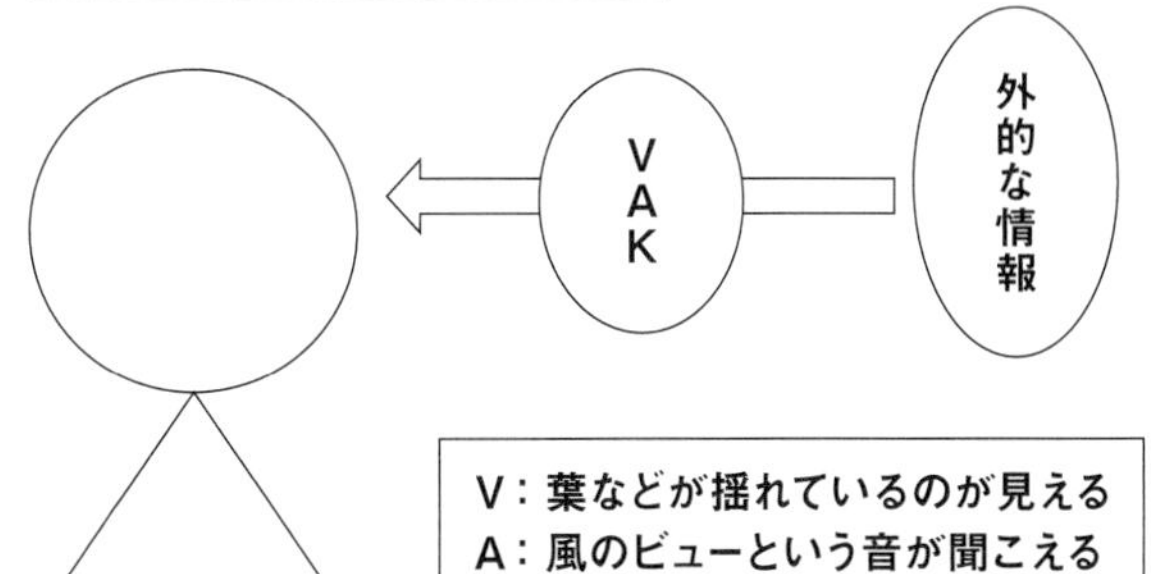
外的な情報
VAK
V：葉などが揺れているのが見える
A：風のビューという音が聞こえる
K：風が体にあたるのを感じる

上記の図のように、私たちは、視覚（V）、聴覚（A）、体感覚（K）を主に使って情報を得ている。

得ているのですが、人によって「得意な感覚がある」ということを知っておくと、より相手とのコミュニケーションがスムーズに進みます。

視覚で捉えることが得意な人には、図やイラスト、写真などを用いて情報を伝えるとうまくいくでしょうし、聴覚で情報を捉えることが得意な人には、細かな説明をすることで理解してもらいやすくなります。さらに、体感覚が優位な人には、実際に体験してもらったり実演して見せたりすることでコミュニケーションがスムーズに進みます。

教室や職員室にも様々なタイプの人がいます。このことを知り、それぞれの人にあった情報の伝え方をしようとするだけで、何も知らずにコミュニケーションを取るのとでは、大きな違いが生まれます。では、相手の人がどの感覚優位で情報を捉えることが得意なのかをどのようにして知ることができるのでしょう。

絶対というわけではありませんが、おおよそ次のような傾向がそれぞれにあると言われています。

〈視覚（V）優位な人〉

・上体や頭を直立させて立ったり座ったりする
・視線は上方に向きがち
・椅子には上体を前に乗り出して座る

・身なりはきちんとしている
・整理整頓を心掛けていて、机の上も中もキレイ
・モノを記憶するときには、絵にして覚え、表現は視覚的表現をする
・周りの音に気持ちを乱されにくい
・気持ちがあちこちに飛びやすく、言葉で出される指示を覚えにくい
・見かけを大事にする
・外見に心を動かされやすい
・テンポが速く、早口で話す
・話がよく飛ぶ
・効果的であることが好き
・結果が見えないとやる気が起こりにくい

〈聴覚（A）優位な人〉

・目を左右によく動かす
・言葉を大切にし、理論的である
・自問自答したり、独り言をよく言ったりする

・雑音があると集中できない
・言葉で伝えられたことをそのまま繰り返すことができる
・聞いて学習することが得意
・音楽を聴いたり電話で話したりすることが好き
・自分のことを言ってもらうのが好き
・声の調子や言葉に反応しやすい

〈体感覚（K）優位の人〉

・目を下方に動かしやすい
・お腹で呼吸していることが多い
・動いたり話したりするスピードはゆっくり
・具体的に感触や触れ合いに反応しやすい
・視覚優位の人よりも、人の近くに立とうとする
・何かをしたり体を動かすことで、ものを覚えやすい
・感触や感じに興味をもつ
・声のトーンは低めで、落ち着いている

・感じながら話すので、テンポは遅い
・早口でたくさん話されると、情報の処理についていかないことがある
・ひとつのことをじっくりと味わうのが好き

いかがだったでしょうか。「自分は○○優位だな」「クラスのあの子どもは○○優位なのかな」「職員室のあの先生は○○優位かもしれないな」と、ひとまず見立てて接してみることが大切です。**「こうなのかな」と相手を決めつけるというのではなく、配慮をする、相手を知ろうとするという感覚**で、ぜひこの「VAKタイプ分け」を使用してもらえたらと思います。

そういう私も失敗談があります。ある日の職員連絡会で私が今後の予定についての連絡をしました。そのときの私はできるだけ時間を短くしようとできるだけテンポよく進めていったのですが、会が終了してからある先生に

「先生の話すスピードが速くてついていけなかったです」

と意見をいただきました。（全員からそうした意見をもらったのではなくて一人の先生からだけでした。）

この現象から、私がどの感覚が優位で、相手の先生がどの感覚が優位かがわかりますか？先ほどの傾向一覧をみていただくと、すぐに理解していただけると思います。

そうです。私は視覚（V）優位だったので、早口に話すという傾向があったのですが、話を受けた先

生は体感覚（K）優位の方でした。よって、速いテンポでの話が苦手だったのですね。このとき、私自身の傾向を把握し、相手の受け取り方を把握していれば、このようなことにはならなかったのかもしれません。

みなさんには、自身の特徴と相手の特徴を知ることで、よりレベルの高いコミュニケーションをとってもらえたらと思います。繰り返しになりますが、仕事は人間関係のよさで決まっているところが多く、人間関係の良し悪しはコミュニケーションの質によるからです。こうした小さな配慮が大きな成果につながっていくのです。

サブモダリティとは

日本語では「**従属要素**」と訳されます。具体的には、人が周りの情報を認識する際に捉えた構成要素のことを指します。つまり、「視覚で捉えているものは何か」「聴覚で捉えているものは何か」「体感覚で捉えているものは何か」という細かな要素のことです。

では、それぞれ、視覚・聴覚・体感覚はどのような構成要素から情報を得ているのかをみてみましょう。これは、私たちも実際にこのような要素から情報を得て、記憶としてため込んだり判断したりしています。

○視覚
・モノクロorカラー（色）
・近いor遠い（距離）
・明るいor暗い（明度）
・見える位置は？
・映像の大きさは？
・一人称or三人称（視点）
・焦点はあっているorピンボケ
・境界があるorパノラマ
・動画or静止画
・映像速度 速いor通常or遅い
・平面or立体（形）

○聴覚
・聞こえてくる位置は？
・内部から聞こえるor外部から聞こえる

・うるさいｏｒ静か（音の大きさ）
・速いｏｒ遅い（スピード）
・音程は高いｏｒ低い
・音質は良いｏｒ悪い
・リズムは？
・音の長さは？

○体感覚
・どこで感じるか（位置）
・大きさは？
・形は？
・密度（強度）は？
・動いているｏｒ安定している
・温度は？
・重さは？

私たちが「視覚」「聴覚」「体感覚」と言っていても、実は、これだけの要素に分けることができるのです。（もっともっとあるかもしれません）

情報というものはこれだけ細かな要素から受けている

ということをここでは押さえてもらえたらと思います。

　このことを少しでも理解していただけたらと思い、次のようなイラストを用意しました。すべてのスライドに同じイラストを掲載しましたが、それぞれのスライドから受け取る印象は違うはずです。

・背景が白のもの
・背景が黒のもの

・顔が小さくなっているもの
・顔が小さくなり隅にあるもの

同じ顔という情報を受け取っても、こうして少し用紙が変わることで受け取り方というものは大きく変わってくるのだと知ることができます。このことでコミュニケーションのレベルがまた一段高くなるのです。

相手はどの**感覚優位**なのだろうか?

良好な対人関係を築くスキル

ポジションチェンジ

本項で紹介する「ポジションチェンジ」は、NLPの効果をより感じることのできるスキルです。ポジションチェンジは、相手の立場や気持ちを考えるために行うワークですが、長年、人の気持ちを理解することが苦手だった人が、

「初めて人の気持ちがわかりました」

と言わせるほどの効果を持っています。職場の人とうまくいかない、クラスの子どもとうまくいかない、保護者の方とうまくいかないなど、特定のだれかとうまくいかないなぁと感じている人はぜひご自身でも試してみてください。

ポジションチェンジとは

では、ポジションチェンジについてさっそく紹介していきましょう。

・ポジションチェンジとは
位置＝ポジションを変えることで、相手の見え方・感じ方を知ることができるワーク

NLPの前提11に「マップはテリトリー（領域）ではない。（ひとつの出来事でも個人によって捉え方が変わるということ）」がありましたが、まさにそれを体感できるワークになっています。

そんな「相手のことを知れるワーク」であるポジションチェンジの手順を紹介していきます。

ポジションチェンジの手順

① 自分視点の椅子(1)に腰掛けます。そして、解決するべき相手を目の前の椅子にイメージし、相手に向かって、伝えるべきと思うことを伝えます。

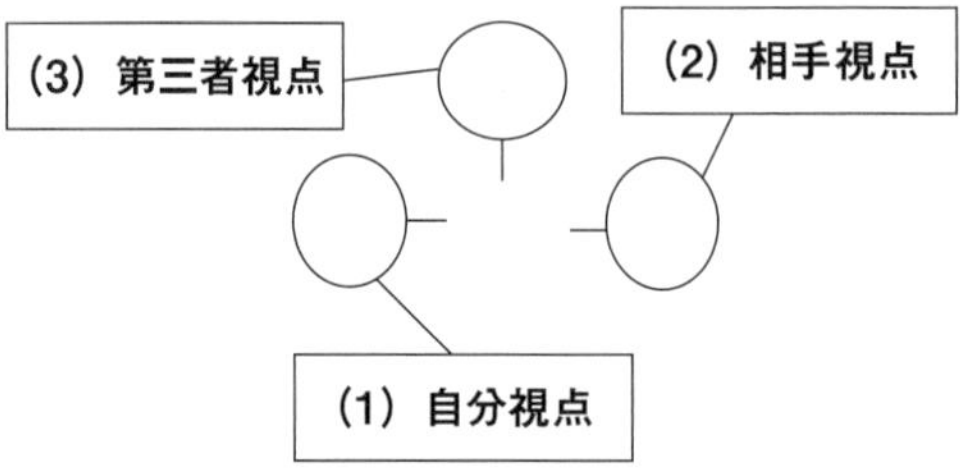

椅子を３つに並べて置いておく。

② 自分視点の椅子に、気持ちと身体を置いたままのイメージで、**まず第三者視点の椅子(3)に座ります。**２人の関係を客観的に見て、思うことを口に出します。

③ 自分と解決すべき相手に入り込むようなイメージで相手視点(2)の椅子に座ります。①で受けとったメッセージを受け止めて、どのように感じるのかを受け止めたうえで、自分視点に座る椅子に向かって、伝えたいことを伝えます。

④ 再び、第三者視点(3)の椅子に座り、２人の関係を客観的に見て、２人の関係の変化など、思ったことを口に出します。

⑤ 自分視点の椅子(1)に座り、相手に対する気持ちや考え方の変化を確認し、口に出します。

⑥ 第三者の椅子(3)に座ります。二人の関係の変化や今後の可能性などについて、思ったことを口に出します。

⑦ 自分視点の椅子(1)に戻ります。

いかがだったでしょうか。これが、ポジションチェンジの一連の流れです。

ポジションチェンジの効果を探る

なぜポジションチェンジが効果的なワークなのかというと、「自分視点」から「相手視点」に移ることができるからです。これを、

・アソシエイト…物事を主観的に見ている状態（一人称視点）
・ディソシエイト…物事を客観的に見ている状態（三人称視点）

このアソシエイトとディソシエイトは、「VAK」と同様、NLPのワークの中で重要になりますので、VAKと同様に、頭の中に入れておいていただければと思います。

では、ポジションチェンジはどうして効果的なワークなのか、このアソシエイトとディソシエイトという言葉を使ってお伝えします。

私たちは、小さなころから「相手の立場に立って考えなさい」と教えられてきました。そして、それはそうだと共感し、大切なこととして捉え、その教えを守ろうとしてきました。それにもかかわらず人間関係のトラブルは後を絶えません。実際、あなたの身の周りにも見受けられることでしょう。そし

て、トラブルになっているときには決まってこう言います。

「相手の考えていることがわからない」

どうして「相手の立場に立って考えなさい」と小さなころから繰り返しだれもが言われてきた言葉を守ることができないのでしょうか。それほど、私たちは不道徳な人間なのでしょうか。

そんなことは決してありません。不道徳な人間もいませんし、相手の立場に立とうとしない人間もいません。**私たちは「相手の立場に立つ方法」を知らなかっただけなのです。**また、自分を俯瞰してみようという意識はしたことがあるものの、体験したことはほとんどないと言ってもいいでしょう。

それらを実現させるのが「ポジションチェンジ」です。ポジションチェンジでは、**まず「第三者の視点」に立ちます。**その時点で、自分をディソシエイト（第三者視点）して、みることができるのです。この時点で、自分のまずさや至らなさ、もしくは誠実さなどを「納得」して受け止めることができます。なぜなら、他人からの指摘ではなく、自分からの「気付き」だからです。**人は、自分での気付きを大切にします。「自分の足りないところを自分で気付く」ことは、案外難しいものですが、ポジションチェンジはそれを可能にします。**

続いて、相手の視点に入って自分を見ます。この体験を通して初めて「相手の立場に立つ」ということができたと言えるのです。相手へアソシエイト（一人称視点・主観的）するからこそ、相手の思いを十分に知ることができます。「そうだったのか」「今、初めてわかった」という感覚を初めてもつことができます。自分のことを知り、相手のことを知ることができれば、あとは自然に解決策が見つかってくるはずです。こうして、自分のことや相手のことを知ることができるのが「ポジションチェンジ」というワークの効果なのです。もし、今、うまくいかないなぁと思う人がいるのなら、椅子を3つ用意してください。椅子でなくとも座布団でもいいですし、なんなら、椅子（座布団）があるつもりで実施してもかまいません。

ポジションチェンジを教室で活用する

これを学級で活かすにはどのようにしていけばいいでしょうか。

一番に活用できる場面は「友だちとのトラブル」を解決しようとする場面です。高学年ともなると、先生が一方的に「こうじゃないか」「ああじゃないか」と言い、「こうしたらどうだ」「ああしてみては」と言っても、うまく受け入れられないときがあります。

また、いつまでも先生からトラブルの解決法を提案するばかり（いじめなど、緊急を要する場合は別です）では、子どもたちに自己解決力を身に付けさせることはずっとできないままになります。

そこで、ポジションチェンジを活用します。先生は、まず、子どもの話をよく聞き、子どもが話し尽くしたところで椅子を用意してやります。そして、先ほどの手順通りに「ポジションチェンジ」を進めてやればよいのです。すると、子どもは、自分自身で相手の気持ちや自分の至らない点に気が付き、次に自分がどうすべきかに気が付いていくでしょう。

また、繰り返し問題行動をとり続けてしまうような子どもを指導するときにも有効です。そのときには、椅子を少し多めに用意し、様々な立場から自分を客観的に見せる（ディソシエイトする）ようにするのです。

例えば、

・自分の親の視点
・仲のよい友だちの視点
・担任の先生の視点

などなど、その子どもにとってかかわりの深い人物は、今、自分をどう見ているだろうかと客観視させます。そうすることで「自分はいけないことをしている」「自分は周囲に心配をかけている」「自分が本当に取らなければいけない行動とは」ということに気が付いていきます。

こうして、生活指導の場面で、ポジションチェンジは大変効果を発揮します。どうしてもこちらから一方的に問いかけたり子どもに押し問答のようなことを続けたりしてしまう場面ですが、ポジションチェンジを活用することで、解決の主役を子ども本人に向けてやることができます。**解決の主役を子ども本人にするからこそ、そのトラブルを乗り越えて、自分自身の力へと変えていくことができるのです。**

道徳授業でポジションチェンジを活用する

また、ポジションチェンジは、道徳の授業でも大いに活用することができます。道徳の教材では、登場人物同士がこじれてしまっているような場面が登場します。そんなときに活用するのです。

道徳授業で活用する際は、代表の子ども一人を選んでやるといいでしょう。そして、他の子どもはそれを集中して見るようにします。代表の子がすることで、周囲の子どもたちも同じように考え、同じように思考を巡らせることができるのです。

ポジションチェンジを実際に何度か行うことで、頭の中でイメージして実施することもできるようになります。脳の機能として「脳は現実とイメージの区別がつかない」と言われています。ポジションチェンジを常に頭の中で行い、物事を多面的多角的に見ることで、より視野を広げたり考えを深めたりすることができるようになるでしょう。

良好な対人関係を築くスキル

アイアクセシングキュー

本項では「目・眼」についてのお話です。

NLPの世界ではなくとも、このことについては、様々な言葉で語り継がれてきました。

「目・眼」に関する言葉だけでも次のようなものがあります。

・一目置く

囲碁で相手が自分より明らかに強い場合に先に一目置かせてもらう事から、相手が自分より優れていると認めて敬意を払う事。

・岡目八目

囲碁の対局をそばで見ている人は八目先まで見通すことができることから、当事者よりも傍観者の方が物事を的確に判断できるという事。

・鬼の目にも涙
どんなに無慈悲冷酷だと思われている人でも、時には温かい人間味を発揮するものだ、という事。
・目から鱗
何らかのきっかけで急に物事がわかるようになること。

日本語でもこうして大切にされてきました。NLPでは、眼の動きだけに特化してあるひとつの言葉としてまとめられているものがあります。

それが、

アイアクセシングキュー

です。

アイアクセシングキューとは

次のような意味になります。

○アイアクセシングキュー（アイパターンとも言われる）
視覚、聴覚、体感覚に脳がアクセスする際に行われる眼の動きのこと。


これだけでは、少しわかりにくいかもしれません。もう少しかみ砕いてこの説明をしていきます。

まず「脳がアクセスする」とあります。一体、「いつ」にアクセスするのでしょうか。

それは「過去」もしくは「未来」です。「現在」であればアクセスする必要がないのでここでは省かれています。ということで、残った2つの時間軸である「過去」「未来」ということになります。

そして、時間にプラスして「何」にアクセスするのかですが、これは、書かれている通り、NLPがより大切にしている「視覚（V）」「聴覚（A）」「体感覚（K）」です。これらの感覚にアクセスする際、それぞれで眼球運動が異なるということです。

例えば、海水浴について考えるとします。

まず、「過去に行った海水浴」について考えるのか、それとも「未来に行ってみたい海水浴」について考えるのかという2パターンが考えられます。

そして、どの感覚にアクセスするのか。

・目の前に広がる美しい水平線（視覚（V））
・海辺にいるときに聞こえてくる美しいさざ波の音（聴覚（A））
・砂浜を歩くときに足に感じた砂の感触（体感覚（K））

過去×未来
＋
視覚（V）×聴覚（A）×体感覚（K）

を組み合わせると、合計6つのパターンができあがります。そして、できあがる組み合わせによって眼球運動の動きが変わっていきます。その眼球運動のパターンを図にして表すと次のようになります。

アイアクセシングキューが説明されるときには、次の図が用いられます。

人は、脳の中で何かを考えているときに、眼の動きとして表れます。なぜ、脳で考えていることが眼に現れるのかというと、脳と眼は直接つながっているからです。「眼は脳の一部分が外に飛び出しているもの」とも言われるほどです。脳と眼の関係はとても強いものがあります。

そして、NLPが大切にしている3つの感覚である「視覚（V）」「聴覚（A）」「体感覚（K）」の何を感じているかも、眼の動きを捉えることで把握することが可能になるのです。

私がセミナーなどで、この「アイアクセシングキュー」を説明させていただくときに、話題にあげるものがあります。それは「印象に残った映画の話」です。

代表の方、お一人に前に出ていただき、2つの質問をさせていただきます。

「これまでに一番印象に残っている映画は何ですか」

「これからどんな映画と出合ってみたいと思いますか」

この質問をする意図が何かは、読んでいただいている皆さんには、おわかりかと思います。

・相手が、これまでの映画の中の「視覚的（印象的な映画のシーンなど）」「聴覚的（映画の中の音楽や主人公のセリフなど）」「内部対話（その映画を観て自分の考えたこと）」などのうち、どれを想起しているのかを把握できる。

・相手がこれからの映画を考えるときに、「視覚的（観てみたい映画のシーンなど）」「聴覚的（映画の音楽や主人公のセリフなど）」「映画を観て感じてみたいこと（映画を見ているときの感情など）」などのうち、どれを想起しているのかを把握できる。

・2つの質問の反応を見て、相手は「視覚優位」「聴覚優位」「身体感覚優位」のうち、どのタイプなのかを把握できる。

という効果を得ることができます。2つの質問を終えた後に

「今、映画のワンシーンを振り返っていましたよね」

「ある音楽やセリフを思い浮かべていませんでしたか」

「そのとき観た映画の自分の考えを振り返っていましたよね」

などのセリフのうち、選んでお伝えすると

「どうしてわかったんですか？」

「はい、そうです。」

というように、聞かれた側はとても驚きます。そして、2つの質問を合わせながら

「目で見て把握することが得意ですよね」

「人の話を覚えられるタイプの方ではないですか」

「まずは自分の身体で体験してみないとわからないですよね」

などと、相手の特徴を「視覚（V）」「聴覚（A）」「体感覚（K）」を伝えさせていただくと、相手は「その通りです。でも何でわかったんですか」というように驚かれます。

なぜ、こうしたことがわかるのかというと、眼の動きを把握することによって、

・過去のことを考えているのか、未来のことを考えているのか

・視覚（V）を使っているか、聴覚（A）を使っているか、体感覚（K）を使っているか

ということが把握できるのです。目の動きでどこまで把握できるのかを、もう少し詳しく説明しましょう。（P84のアイアクセシングキューの図と照らしながらお読みください）

目の動きからわかること
（こちらからみて）

	右	左
	過去	未来
上	過去の記憶を思い出している。	創造やイメージをつくっている。
横	過去に体験した聴覚情報に関することを感じている。	聴覚情報に関することを想像している。
下	内部対話をしている。自分の中で考えを深めている。	未来の自分（身体感覚）を感じている。

こうして、「右の方か左の方か」「上の方か、横の方か、下の方か」を把握し、組み合わせることで、相手の脳の状態を知ろうとするのが「アイアクセシングキュー」なのです。

とは言っても、もしかしたら、まだ具体的なイメージがつかない方もいらっしゃると思うので、より具体的にみていくことにしましょう。

例えば、「夏休みどんなことが楽しかったですか」「今日一日で楽しかったことは何ですか」「朝ごはん、何を食べましたか」と聞いたとします。子どもたちは、どの方向を見るでしょうか。

そうです。子どもたちは、（先生から見て）右方面（つまり過去）を向くでしょう。そして、その子によって、脳の中のイメージが視覚（V）の子は上を向きますし、脳の中が聴覚（A）の子は横を向いているでしょう。そして、体感覚を脳の中で感じている子は、下を向いています。

そして、そのような中で、きょろきょろしていたり何をしていいのか戸惑ったりする子どもがいれば、その子は、先生の問いを適切に思考できていない可能性があります。先生の問いを聞き逃したのかもしれませんし、問われていることがわからないのかもしれませんし、もしくは、問いを考えることを邪魔している何かがあるのかもしれません。（友だちと喧嘩をした、給食のことが気になる、などなど…）

このようにして、「人の目をみる」ということで様々な情報を私たちはキャッチすることができるのです。そして、このように「人の目を見て情報を得る」ということは、これまでみなさんもやり続けてきたのではないでしょう。

例えば、何かで子どもを個別で指導するとき、全体で指導するとき、学校現場にいると「ここは！」という場面に出合うことがあります。いじめは絶対にいけないことを語るときかもしれないし、人と人との出会いの大切さを説くときかもしれないし、運動会や学習発表会、学芸会を行う前にその成功に向けて語るときかもしれません。

そんな先生の「大切な語り」の場面では子どもたちは真剣なまなざしで先生の方へ視線を送ります。でも、そんなとき、先生は次のようなことを意識していませんか。

「子どもたちはこちらを向けて話を聞いているかな」

「目を逸らして別のことを考えてしまっている子どもはいないかな」

なぜ、視線がこちらを向いているか、向いていないかを判断しようとしているかの理由はすでにおわかりでしょう。それは「話を子どもが聞けているかどうか」を眼の動きを見て私たちは判断しようとしているのです。そして、それは経験的に目を見て判断することで妥当な結果を得ることができることも私たちは知っているのです。

私にもこんなエピソードがありました。

卒業式に向けて指導しているときのことです。どうしても本番に向けての練習に身が入らない子どもがいました。体育館には赤白の紅白幕が垂れ下げられ、ひな壇が設置され、床には緑のシートが敷かれていた時期でした。もう本番も間近で、全体としても、真剣で、充実感にあふれた顔つきで練習に取り組んでいる子どもがほとんどという時期でした。

そんなとき、どうしてもその子どもだけは練習に身を入れることができませんでした。私はその子と個別で話をしました。私の思いを伝えました。なぜやらなければいけないのか、どうしてほしいのかを伝えました。卒業間近の時期です。私もその時間を大切に思い、ていねいに語りました。

しかし、話をしながらどうもしっくりときていませんでした。それは、その子の目がそのことを教えてくれたからです。「この子にとっていま必要なのはこちらの思いを伝えることではないな」と判断しました。その子の目を見ての判断です。

私は、「その子どもの思いを引き出す」という指導方針に変えました。

「卒業式にはだれが見に来てくれるんだい？」

「そのうち、だれに一番の姿を見せたいと思っているの？」

「その人は、どんな思いで君を見るのかな？どんな期待をしてくれているのかな？」

だんだんと顔つきが変わっていくことが手に取るようにわかりました。そうか、今、この子に必要なのは、「なぜ自分ががんばるのかを自分で決めることなのだ」と指導の途中で気が付くことができました。最後に聞きました。

「じゃあ、どんな気持ちで練習に取り組みたい？」

その質問の答えを聞き、その子と私はただ2人残された体育館から一緒に教室を上がりました。そのときの私は、翌日が楽しみで仕方がありませんでした。その子が本当に望んでいた本当の姿をみることが楽しみだったのです。

このエピソードでも「目を見て判断する」ということの効果がおわかりかと思います。もし、私がその子の目から出されるサインを無視し、気が付こうとせずに、指導を進めていたら、その子にとっての卒業式はただ嫌なものという認識で終わってしまっていたかもしれません。その日の指導をきっかけに明らかにその子の練習に取り組む姿勢や表情が変わりました。それは、その子の小さな目が私にサインをくれたからこそ実現できたのだと思っています。

こうしたことは、**本当に小さなことなのですが、意識をするかしないかだけで大きく成果が分かれます。「目をみる」というのは、すぐにできることであるけれど本質的なことです。**私たちの仕事は人を相手にする仕事です。**相手とよりよいコミュニケーションを生み出し、よりよい教育につなげていくには「相手を知る」ということが大切です。**リアルタイムで相手が何を感じ、何を求めているのか、そんな瞬間的な本質的な情報を「アイアクセシングキュー」を使って、キャッチしてほしいと思います。

目は私たちに様々なことを教えてくれる

上向き　　横向き　　下向き

脳の基本構造とは

私たちの日常生活は判断の連続です。よくよく考えてみると、いつもAかBか（またはCか）を問われ、判断し続けながら毎日の生活を送っています。

いつものように朝を迎え、自分のまぶたがゆっくりと開く。その目覚めたときにどちらの選択を選ぶのか。寝ていた身体を起こしベッドから起き上がるか、それとも疲れている自分の体を癒すためにまだ眠りにつくか。

朝の食事はどうでしょう。まず、そもそも食事の用意はされているのか。用意されていないなら朝からコンビニまで立ち寄り朝食を購入するのか、朝からコンビニに行くことはせずに、朝の食事はあきらめるのか。食事を用意されていたとしてもどうだろう。最近はダイエットをしているから、これ以上体重を増やすわけにはいかないと思い、朝食をとらないという可能性もあるし、朝から大切な授業があり、自分の脳の状態を最高の状態にしたいがために、朝食をしっかりとることを選択するかもしれない。

よくよく考えると、私たちの日常は判断の連続です。いつもいつも、無意識のレベルで、せわしなくAかBか、○か×かということを繰り返しているのです。

そんなことを改めて認識したとき、みなさんに気になることは浮かびはしないでしょうか。そんなことを気にするのは、私だけでしょうか。

ここでの気になることとは、

何を根拠に脳は判断をしているのか

ということです。なぜ毎日仕事にいくという判断をし続けるのか、なぜ時間がきたら授業をするという判断をし続けるのか、なぜいつも夜眠る前には、一杯のアルコールを欠かせないのか…。

判断には根拠が必要です。

そうした判断を下している以上、何らかの根拠が絶対に存在するのです。

そして、どんなことにも「原理原則」が存在します。

脳が判断する際に使っている原理原則とは一体何なのでしょうか。

もし、それがわかれば、私たちの行動を司っている脳とよりうまく付き合っていけるかもしれません。

そして子どもたちが、日々、どうしてそのような行動を取るのかがほんの少しわかるかもしれません。どうして、あの保護者がいつも学校に意見し、繰り返すのかがわかるようになるかもしれません。

ここでは、判断の連続を繰り返している脳はどのような原理原則で動いているのかをお話ししようと思います。

脳の基本構造（脳の判断基準）

脳の基本的構造、つまり、脳の原理原則とは一体何なのでしょうか。

スーパーコンピューター10万台分もの能力をもつといわれる私たち人間の脳。すごい能力を秘めているとも言われ、未だわかっていないことも多くあると言われる脳の仕組み。

なんだか、とても複雑な気がしますよね。

でも、脳の原理原則は非常にシンプルなのです。

脳には次のような原理原則があります。

脳は痛みを避け、快楽を求める

複雑な構造をしていると言われる脳ですが、脳の原理原則は至ってシンプルだとＮＬＰでは言われています。

嫌なことはやらない
やりたいことはやる

なんとシンプルかつわがままな仕組みなのでしょうか。これを聞いて「なんだ、そんなことなのか」と驚いた方もいらっしゃるでしょう。

しかし、一方で「待てよ、よく考えるとそうかもしれない」「案外、自分たちの脳なんてそんなものなのかな」と考えている方もいらっしゃるのかもしれません。

だって、毎朝、なかなか布団から出ることができなくても、運動会で出勤時間が早まるときには、遅刻するわけにはいかないから、毎年起きることができているし、明日から、前からずっと楽しみにしていた旅行であれば、朝寝坊なんてあり得ません。

これって、「みんなが朝早く出勤していて、自分だけ怒られるわけにはいけない」という感じで「痛みを避けている」ことになるし、明日からの旅行では「朝早く起きて出発することで、そのあとが楽しみでたまらない」という、つまり、「快楽を求める」ために動いているということだよなと、気がついている方もいらっしゃるかもしれませんね。

私たちは1日に何度も判断をし、行動をしているけれど、案外「脳は痛みを避けて快楽を求める」というシンプルな原理原則で語ることができてしまうのです。

宿題から見る脳の原理原則

子どもたちの学校生活に置き換えて考えてみましょう。例えば、毎日の宿題。子どもたちはなぜ毎日提出するのでしょうか。また、提出できないとするならばなぜ提出しないのでしょうか。そんなことを「脳は痛みを避けて快楽を求める」という視点から探ってみましょう。

まずは、毎日、宿題を提出している子どもの場合。どうして、毎日宿題を提出するのでしょう。さぁ、あなたなら、どのような理由付けを行いますか。

まずは「痛みを避ける」から考えてみましょう。その子どもにとって「宿題を提出しないのは、脳が痛みを避けているからだ」と考えたとします。さて、どのような理由が思い浮かびますか。

もし宿題を提出しなかったときにはどのような痛みが待っているのでしょうか。先生から怒られる？親に怒られる？友だちに提出していないと思われるのが恥ずかしい？勉強が遅れるのが嫌だ？このような感じでしょうか？他にも何か理由があるかもしれません。こうした状態で毎日宿題を提出しているという状態が「脳が痛みを避けるために宿題を提出している」ということになります。

では、一方で「快楽を求めるために」という理由について考えてみましょう。「そもそも、宿題を提出することに快楽を得る」ということがあるのかどうか、と疑問をおもちの方もいらっしゃるのかもしれませんが…。

宿題を提出することの快楽とはどのようなものなのでしょうか。宿題を提出して子どもたちが喜んでいるようなことを考えてみましょう。

例えば、「先生にほめられる（花丸がもらえる、シールがもらえる、A、Bなど評価してもらえる、など）、友だちにほめられる、親にほめられる」などの理由が考えられます。こうして、外的要因によって快楽を得る場合ですね。（こうした意欲付けを「外発的動機付け」とも言います。）

さらには「毎日提出することを自分の目標にしている」「家庭学習に取り組むことが楽しい」などの状態（内発的動機付け）や「毎日提出していることだから」「（歯磨きなどと一緒で）毎日提出していないと、何だか気持ちが悪い」（習慣化されている状態）という状態も「脳が快楽を求めている状態」と言えるでしょう。

これらが、宿題を提出している場合を考えたときの「脳は痛みを避けて快楽を求めている」という状態です。

では、宿題を提出しない場合についても考えてみましょう。宿題を提出しないことによって、その子どもの脳にとって、どんな痛みがあるのか、どんな快楽があるのかを探っていきます。

まずは「宿題を提出しないことによる快楽」をみてみましょう。宿題を提出しない場合は、こちらの「提出しないことによる快楽」の方がイメージしやすいのかもしれません。

宿題を提出しなければ（取り組んでいなければ）「時間が生まれて好きなことができる」「家で勉強しなくてもいい」「先生（もしくは親）の言うことを聞かなくていい」「友だちに何らかのメッセージ（自分は宿題なんて出さないぞ！など）を送ることができる」などでしょうか。もしかすると、「宿題を提出しないのには、まだ理由がある！」とおっしゃるかたもいらっしゃるかもしれません。そもそも、その子どもにとって宿題が習慣化されておらず、「取り組むということ自体に脳が痛みを覚えている」状態かもしれません。

では、「宿題を提出することで発生する脳への痛み」とは、どのようなものなのでしょうか。こちらは、ちょっとイメージがわかないかもしれません。可能性としてはその他のパターンと比べて低い可能性があります。ただ、可能性がないわけではありません。「宿題を提出することで発生する痛み」についても考えてみましょう。

例えば、「宿題を提出することで周囲からバカにされる」「周囲から仲間はずれにされる」などが考えられます。いわゆる、学級崩壊と言われる状態にある学級ではこうしたことも考えられます。「なんだよ、あいつだけいい子ぶっているんだ」「宿題なんて真面目に出しやがって」と思うような人間関係に陥ってしまっているときには、そのようなことも十分に考えられるでしょう。もし、宿題を提出したなら強烈な痛みが待っています。当然、宿題を提出することよりも、自分の身の安全を守るでしょう。こうした状態であれば、脳は痛みを避けるために宿題を提出するということはしないでしょう。

また、他の状況では、宿題を提出することによって恥じらいが出る、ということです。誤答が多く、自分の解答が見られることが恥ずかしい。文字を見られることに抵抗がある。自分の学習内容（特に作文など）を見られることが恥ずかしい、などです。それぞれの子どもによって「見られることへの抵抗」は違うと思います。こうした思いが「提出しなかったときの快楽」と「提出したときの痛み」とが、天秤にかけられ、行動が決定していくのです。

こうした脳の基本的パターンを知ることで、教師自身の指導に大いに役立てることができます。原則として、**子どもたちが行動しているのが「痛み」によるのか「快楽」によるのかということを知り「子どもたちは、どちらの判断で行動に移しているのだろう」と考えるだけでも大きな成果につなげることができます。**

教育者の森信三先生は次のようなことを言いました。「技術・能力はほめて伸ばす。不道徳は叱って伸ばす」と。この場合「ほめる」は快楽であり、「叱る」が痛みです。学習関係などは「快楽」をもとに行動できるように工夫することがいいのかもしれませんし、「いじめ・暴力」「人へ迷惑をかけない」と言った基本的な道徳については、「痛み」を伴う、つまりはきちんと「ならぬものはならぬ」と叱って指導していくのがよいのだと思います。

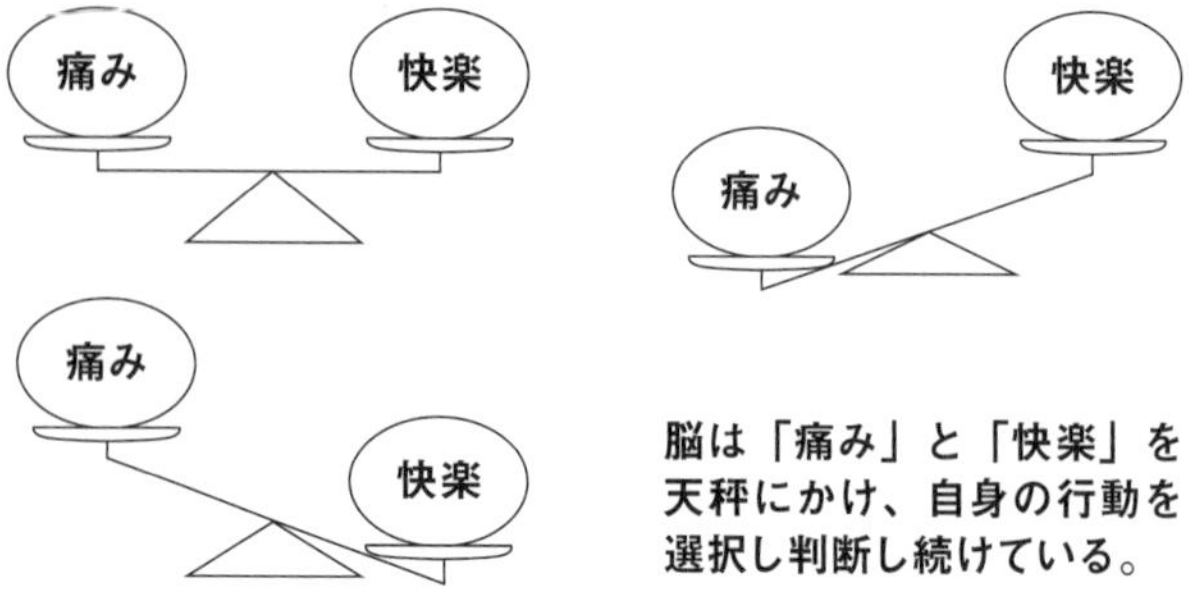

脳は「痛み」と「快楽」を天秤にかけ、自身の行動を選択し判断し続けている。

こうして、脳の原理原則を知り、教室や教師自身の指導で活用することで、また違った成果を得ることができると思います。「脳は痛みを避けて快楽を求める」ということを、ぜひ、いつも頭の中に入れながら日々の指導にあたってみてください。きっと、何らかの成果や手ごたえを得られることでしょう。

CHAPTER

3

上級者になれる
コミュニケーションスキル

ビリーフ

「子どもを理解することの大切さ」は学校関係で働いている人にとって、あまりにも常識的なことではないでしょうか。子どもたちを理解するための会議が開かれることもありますし、研究授業の際に作成する学習指導案にも、「児童の実態」という項目が設置されます。「教師はどのように子どもを理解しているのか」ということは、今に始まったことではなく、ずっと昔から学校現場で言われ続けてきていることの一つです。

では、どうして、子どもを理解することが必要なのでしょうか。そして、子どもを理解することで、どのような効果があるのでしょうか。子どもを理解するとは、どういったことなのでしょうか。

そうした問いに答えてくれるのは、「ビリーフ」と呼ばれるものです。

ビリーフとは

〈ビリーフ〉
人が意識的に、あるいは無意識的に正しいと信じている「思い込み」「固定観念」「信念」などのことを「ビリーフ」と呼ぶ。

つまり、**ビリーフとは、人の価値観のことです。**そして、このビリーフは人によって違うのです。どうして、違いが生まれるのでしょうか。

人はそれぞれ、各人各様の「経験」を通して、各人各様の「結論（一般化された生き方のルール）」を導き出し、その結論を「ビリーフ」として信じ込む。

ここで、**重要なことは、ビリーフは信じ込んでいるものである**、ということです。人は、それぞれ価値観をもっています。それは、右で記されているとおり、その人の経験（出会った人・出来事・体験・

書籍など…）によって、生み出された「結論」であるにすぎず、絶対的なものではないということです。

人と人がうまくコミュニケーションが取れなくなるひとつの要因に「価値観の違い」があげられます。夫婦間でも離婚原因の最たるものとして「性格の不一致」、つまり、価値観の違いなのです。（性格はビリーフによって生み出されます。これは、後程詳しく述べさせていただきます）学校と保護者がうまく連携が取れずにトラブルに発展してしまうのも、価値観の不一致が大部分を占めているのではないでしょうか。

その人のビリーフを知ることや、そもそもビリーフとは何かということを知ることで、相手の見え方に変化を生むことができます。そして、より質の高いコミュニケーションをとることができるようになるでしょう。

では、ビリーフはどのようにして生み出されるのでしょうか。次の説明を見てみましょう。

ビリーフは、世の中を生きるうえで、「痛み」（不快）を避けて、「快」を得るために身につけた『生き方のルール』と言えます。

これまでにも、何度か説明させていただいた脳の基本原則である「脳は痛みを避け、快楽を求める」ということを、生きるという過程を通して、何度も何度も繰り返し行ってきました。そうして、何度も回数を重ねることで、その人自身の「生き方のルール」が生まれます。これが、ビリーフの正体なのです。よって、価値観の違いというものは、各人各様であって当然であり、違うことのほうが当たり前で、価値観が同じであるということなど有り得ないのではないかと思う人もいらっしゃるかもしれません。

> ビリーフは「強い感情をともなう経験」や「強い影響力をもつ人（特に両親）の言動や態度」などの「繰り返し」によって刷り込まれる。

小学生や中学生がビリーフに関して一番に影響を受けるのが両親であることは、ビリーフの観点から見ても間違いのないことです。ビリーフ形成のキーワードに「刷り込み」があります。小中学生を含め、私たちが小さなころに一番価値観の影響を受けるのは間違いなく親でしょう。なので、小中学生を指導する教師にとっては、保護者の方について知ることも、そのままその子の理解へとつながっていくのです。

そして、ここまでビリーフの形成について知っていただいたことで、次の説明についても理解していただけるのではないかと思います。

> 人は、各人各様のビリーフのフィルターを通して世の中を見ることで、それぞれ各人各様の世界観（出来事に対する意味づけ）を形成する。

それぞれが形成してきた価値観によって世界を見ているので、同じ事実を見ても捉え方が変わってくるのです。

例えば、運動会を例に挙げてみましょう。

小さなころから運動が得意で、徒競走をすればいつも1番を取れる子どもがいたとします。その子にとっては、レースをするたびに1番を取れるので、運動会に対して「快」の感覚が形成されていきます。また先生や友だち、そして親から称賛の声を受けることで、より快の感覚は形成されていくでしょう。そうした子にとって、運動会が来るたびに、うれしくなることは容易に想像できます。

逆に、何度走っても、だれと走っても徒競走でビリになってしまう子にとっての運動会はどうでしょうか。時には、転倒してしまい、膝をすりむいて血を流してしまった。本番で一生懸命走っても結果は出ない。家に帰ってからは、「もっとしっかり走れ!!」と小さなころ足の速かった親に怒られてしまう。その子にとって、運動会は苦痛でしかないかもしれません。

いかがでしょうか。ここで言いたいのは、運動会の是非や運動会への工夫ではなく、これまで形成されてきたビリーフによって、まるで同じ事実である運動会というイベントが、このようにそれぞれのビリーフでそれぞれの見方をしているということです。

そうしたことを知ることからいろいろなことがスタートします。どんな運動会がよいのかという議論や、運動会中の工夫や、それぞれの子どもたちへの声かけなど、どの子も満足できるようなものにしていこうという議論が、「その子を知る」ということから始まっていくのだと思います。

「ビリーフを知る」ということが、私たちの指導の次の一手を見せてくれることが少なくありません。

では、ビリーフを知るにはどのようにすればよいのでしょうか。例えば、次のような「ビリーフを表す言語」に注目し、子どもたちや保護者の方と接することで、何か手掛かりを得ることができるかもしれません。

・私は〜だ（私は算数が得意だ）
・私は〜思う（私は、学校の約束は守ったほうがいいと思う）
・私は〜できない（私は、授業中に発表できない）
・私は〜を信じている（私は、努力を信じている）
・〜すべきである（授業中はきちんと先生の言うことを聞くべきである）
・〜しなければならない（鉛筆は家で削ってこなければならない）

子どもたちの言動や書く文章からこのような表現が見られた時には、ビリーフをほんの少し知ることのできるチャンスなのかもしれません。

また、次のようなビリーフの種類を知ることも、手掛かりとなるでしょう。

〈因果〉

・良いことの後には悪いことが起こる

・悪いことをするとバチが当たる

・食べ過ぎると健康に良くない

〈等価の複合観念〉

・政治家は悪いことをしている

・お金は汚いものだ

・閉鎖空間は悪いものである

・ブランド品は材質がよい

〈価値基準〉

・今どきの若い人は〜

・常識は大切である

いかがでしょうか。ビリーフを表す言語やビリーフの種類から、子どもたちの発しているビリーフの情報をキャッチできるようにしてみてください。

また、自身のビリーフを探ることを目的としたいくつかのワークもご紹介します。子どもたちとの出会いの場面で、うまく活用するなどはもちろん、ぜひ、ご自身でも一度探ってみていただいて、自分自身を知る手掛かりにしてもらえたらと思います。（コミュニケーションは自分と相手によって成り立ちます。相手を知ることと同じくらいに自分を知ることも大切なことです）

ビリーフワーク①〈影響を受けたメタファーとビリーフ〉

※メタファー…ある出来事に関連するストーリー。寓話・神話・伝説・暗喩など

（1）これまでに見た（15歳くらいまで）好きな絵本・おとぎ話・アニメ・漫画・映画などは何か？

（2）どんなところが好きか？それはなぜか？

（3）登場人物の中で、特に好きだったのはだれ？

（4）（そのお話から）何を学んだ？

（5）獲得した「ビリーフ（信念・価値観・考えなど）」は何？

子どもたちを対象であれば、最後の（5）は聞かなくともよいかもしれません。4月の出会いの自己

紹介などの中に、こうした質問を入れ込んでおいて、把握するのもいいかもしれません。

ビリーフワーク②〈尊敬する人、憧れる人〉

（1）尊敬する人、憧れる人とその人の性格・特徴・好きなところを3人～5人ほど選んで書く

（2）その人たちの共通点を探る

道徳科の授業の1年のまとめとしても活用できます。1年間の教材の中で印象に残った教材を3～5つ選び、その共通点を探ります。その子どもならではの感性をみることができるでしょう。

また、対象を「家族・友だち」などに変えて同じワークを行うことで、自分の身近な人からどのような影響を受けているのかを知ることもできます。

ビリーフワーク③〈クライテリアとビリーフ〉

※クライテリア…価値の優先順位

（1）大切にしている価値観は何？

（2）大切にしている信念は？

（3）何が自分自身を幸せにするだろうか？

（4）自分にとって、満足感があり、充実感のあることは？
（5）今の自分にとって大切なものは？
（6）だれが大切？

小中学生を対象に行うのであれば、（1）（2）はまとめてしまってもいいかもしれません。また、小学生の高学年くらいまでは（6）の答えは「家族」「親」と答える子どもが多いかもしれません。それくらいの年齢の子どもたちであれば、そう答えることが健全と言えます。

こうしたワークを通して、子どもたちが何をビリーフにしているかを探ることができます。また、道徳の授業を始め、その他の学習活動でも、その子の価値観が表れることがあると思います。「ビリーフ」という概念を知っていただいたことで、これまでには気に留めなかった子どもたちの発している情報に気が付いていただけることと思います。

人は、各人各様のビリーフに基づいて

・〇〇の状況では（場面）、
・〇〇のように考えて（思考）、
・〇〇のように感じて（感情）、

・○○のように振る舞う（行動）、

という「決断」を行います。よって、ビリーフがその人の行動を決めていることがおわかりかと思います。

さらに、その決断の集合体が、その人の「性格」を形作ります。

つまり、次のように表すことができます。

ビリーフ　↓　決断　↓　性格

「ビリーフが性格をつくる」とは、こういったことだったのですね。

そして、その人の成果はビリーフが大きな影響をもたらします。「私たちはビリーフどおりの結果をつくる」とも言われます。子どもたちにどんなビリーフを育成するか。小中学生をはじめ、学校で学ぶ人たちのビリーフ形成に大きくかかわるのは、その学校の先生方です。**先生方がどのようなビリーフ形成をするかによって、その子どもの人生に大きく影響すると言っても過言ではありません。**

子どもたちを教える先生が、どのようなビリーフをもち、どのようなビリーフを与えるのか、教育の根幹の部分に当たることです。「教育は人なり」と言われますが、先生が子どもたちにどのようなビリーフを与えるのか、と言い換えることができるのかもしれません。

先生の**働きかけ**のひとつひとつが
子どもたちの**ビリーフ**に刻み込まれる

ミルトン・モデル

このページで紹介する「ミルトン・モデル」を日々意識し、活用できるようになると、日ごろのコミュニケーションのレベルを1段も2段も上げることができます。みなさんが考える「もっとこんなコミュニケーションが取れたらいいな」「こうしたことを、コミュニケーションを通して解決できないかな」ということを、うまく進めることになるスキルが、この「ミルトン・モデル」です。

また、みなさんが日々行っている授業の中や指導の小さな場面でも、確かな効果を感じることができるでしょう。なぜなら、**ミルトン・モデルは、私たちが日々使っている言葉の効果を最大限に引き出すことができるからです。**

少し長い章となりますが、じっくりと読み進めてみてください。教室で活用できるスキルを多く見つけることができるでしょう。

では、ミルトン・モデルの説明から始めます。

ミルトン・モデルは、ミルトン・エリクソンという催眠療法家として知られる精神科医が行っていた催眠療法を、ＮＬＰの創設者であるジョン・グリンダーとリチャード・バンドラーが、その手法を分析・体系化し、さらにほかの手法も合わせて研究しながらＮＬＰの中に発展させていったものです。

ミルトン・エリクソンは、催眠療法家の第一人者として知られています。アメリカ臨床催眠学会の創始者で、初代会長も務めています。彼の催眠に関しての実績は、論文１００本以上の発表にものぼり、実践と指導を続けていきました。大学時代には、のべ２０００人以上に催眠実験を行ったともいわれています。催眠療法が、人に与える多大な可能性を追究し、実証した者は、彼をおいて他にいないとさえ言われるほどです。

また、彼は少し変わった経歴をもつ人物でもあります。彼は、17歳まで自身の障害のため歩行することが困難でありましたが、赤ん坊が歩くことを学ぶ過程を観察することによって、「同じようにすれば歩くことができるのではないか」と思い、自らリハビリテーションを考案しました。そして、実際に自分の足で歩けるようになったと言われています。そして、21歳のときに医学を学び始め、自ら心理療法を行い始めたのでした。

彼の行っていた心理療法は、極めて複雑であったにもかかわらず、そのやりとりは系統性が見られました。そこに注目したジョン・グリンダーとリチャード・バンドラーは、分析・体系化を行い、ＮＬＰの中に発展させていったのでした。

ちなみに、ミルトン・エリクソンは、先に紹介した通り「催眠療法家の第一人者」と言われていますが、私たちのイメージするような「催眠」とは少し違います。私たちのもともとイメージしていた催眠とは、次のようなものではないでしょうか。

・あなたは3回まわると犬になります。
・この揺れている五円玉を見ていると、だんだんと眠たくなっていきます。

これらは、エリクソンのしていた催眠とは異なります。こうした催眠は「古典催眠」と呼ばれ、エリクソンのしていた催眠は「現代催眠」「エリクソン催眠」などと呼ばれ、はっきりと棲み分けられています。

エリクソンの考案した催眠療法の特徴として、自然な会話の中で実践できることが挙げられます。きわめて自然の中で、その効果を発揮できることが特徴です。

エリクソンは、例えば、次のようにしてクライアントにアプローチしました。

> 今、あなたは、自分がとても心地よいと思う過去の体験を視覚的に思い出していて、そのときに聞いた言葉や音を思い出しながら、そのとき感じた感覚を再び感じています。

この言葉を聞いた人は、「限定した経験」をもつように誘導されていません。「過去の体験」と言われていますが、限定された場面は明示されていませんし、「そのときに聞いた言葉や音」という言葉にも、限定されているものはありません。すべて、聞いた人が自身の体験の中から呼び起こし、つなぎ合わせながら聞くことのできる言葉になっています。

もし、次のように聞かれたとしたらどうでしょうか。

> 今、あなたは、自分がとても心地よいと思う過去の体験を思い出していて、夏の海岸で遠くの船と熱い太陽を見ています。あなたの脇に通る車の音が聞こえ、そのとき、胸に感じた温かい感覚を思い出しています。

こちらの言葉の中には「限定された言葉」が多く含まれています。「夏の海岸」「遠くの船」「脇に通る車の音」「胸に感じた温かい感覚」などです。こうした体験をしたことのある人にとっては有効な働きかけとなりますが、そうでない人や経験のしたことのない人にとっては、自分の体験内容と働きかけられた言葉にギャップがありすぎるので、言葉の効果を得られにくく、こちらの思う成果を得られなくなる可能性が高くなります。

こうして、エリクソンは、意図的に漠然とした表現内容を用い、相手に自分自身の内的な体験をあてはめさせるようにしたのです。
これから紹介するミルトン・モデルには、次のような特徴があります。

・問いを活用する
・聞き手の内的経験を重視する
・相手に想像させ、選択肢を与えるような働きかけをする
・あいまいで一般的な言葉を使う

では、ミルトン・モデルには、どのようなスキルがあるのでしょうか。学校現場でどのように活用すればよいのかということも踏まえながら見ていくことにしましょう。ここから具体的に「限定されていない」聞いた本人が自身の体験から意味を与える言葉を紹介します。また、言葉の中に「前提」を埋め込むスキルは言葉のもつ力を体感できます。

名詞化

「悩み」「解決」「力」など、名詞のように使われていますが、実は、プロセスも表しているのです。

次の言葉を見てみましょう。

「あなたは悩みを抱えていて、その解決を望んでいますよね。あなたのどんな力がその悩みの解決の助けになるかわかりません。しかし、あなたの中にはまだ使われていない力があります。あなたのこれまでの体験の中から、きっと優れた力が表れると思います。」

今、線を引いた「悩み」「解決」「力」「助け」「体験」などの言葉自体には、具体的なことは何も触れられておらず、具体的な体験やイメージをもつわけではありません。ただ、この悩みを解決したいと思う人にとっては、何らかの自身の体験や考えとつなげた具体的イメージをもつようになります。「悩み」という名詞の中に自分の悩みをつなぎ合わせたり、「解決」という言葉の中に、自分自身の悩みの解決した後の姿であったりをつなぎ合わせながら話を聞くこととなります。

学級で何か問題が起こったときに、次のような語りをしてみてはどうでしょうか。

今、このクラスは大きな問題を抱えています。みんなは、その問題をどのように考えていますか。先生はこの問題に対してどのように考えていると思いますか。あなたは、その問題に対して、どのような思いや感情をもっていますか。この問題が解決された姿ってどんな姿なのでしょうか。この問題の解決のためにできるあなたの行動はどのようなものですか。この話が終わった後、どんな行動を起こしますか。

問題の具体や先生の考え、子どもの考えを明示することはしていません。ただ、ある場面でこの語りかけを聞いた子どもは、**それぞれに思いや考えをもち、それぞれに行動するべきことを自分自身で決めていくでしょう。**

こうして「名詞化」というスキルを活用することができます。

不特定動詞

「動く」「変わる」「思う」「体験する」「学ぶ」など、内容を特定しづらい動詞を使うと、聞き手は自分自身で言葉に意味を与えなくてはならないようになり、自分自身で意味づけをしていきます。

・仕事を通して学んでいきましょう
・みんなはここ何日かでずいぶん変わってきています
・この問題に対して、どのように動いていけばいいのでしょうかこうして「不特定動詞」を使うことでどんな効果があるのでしょうか。まず、「前提」として受け取られやすくなるという効果があります。

右に挙げたとおり「仕事を通して学んでいきましょう」と言葉をかけられた人は「どんな学びがあるのかな」「何を学ぶことができるのだろう」というように、仕事には学びがあるという枠組みの中で、思考するようになります。もしかすると、仕事において学びがないかもしれません。しかし、「学んでいきましょう」という情報が脳に入ることで、**「学ぶ」という枠組みの中で物事を思考することになるのです。**

また、その対象に価値づけをする効果もあります。

「仕事」に次のような不特定動詞を付け加えてみました。それぞれ、どのような印象を受けますか。

・「仕事」で学んでいきましょう
・「仕事」で苦しんでいきましょう
・「仕事」で楽しんでいきましょう
・「仕事」で遊んでいきましょう
・「仕事」で悲しんでいきましょう

同じ「仕事」という対象に付け加える不特定動詞を変えるだけで、捉える印象が変わります。そして、その捉えた印象の枠組みで情報を得やすい状態に脳は変化していきます。もし、あなたに「○○は〜〜なもの」という思い込みがあるとするなら、こうしていつも思っていることとは違う不特定動詞を付け加えることで、また違った視点でそのことについて考えることができるはずです。

不特定名詞

ミルトン・モデルの「不特定名詞」を扱った使い方は、例えば、次のようなものがあります。

・人は楽しみながら学べるものです
・それはとても簡単なことです
・今までの経験が役に立ったでしょう

これらの文章の特徴に、すでにお気付きでしょうか。これらの文章には「人は」「それは」「今までの」のように、具体的に特定されない名詞が使われているという特徴があるのです。そうした言葉を受けた相手の脳には、どのような反応が起こるのでしょうか。

こうした言葉を受けた相手は、

聞き手は自分自身で、自分なりの経験に合わせた意味を言葉に与える

という反応が脳の中で起こるようになります。すると、受け手は、自分自身で、必要な情報を自分自身の中で選んで情報を得るようになります。これは、「人は」「それは」「今までの」のような不特定な名詞を使用しているから起こる現象であり、このときに「あなたは」「算数の問題を解くことは」「運動会の経験が」のように特定して言葉を選ぶと、「そうだ」とあてはまる人と「いや、そんな経験はないなぁ」と当てはまらない人に分かれてしまいます。また、相手からその情報を受け取ることとなり、自分自身で「人は」「それは」などの情報を埋めようとする作業ができなくなってしまうということもあります。

「人は協力しながら学び合っていける生き物なのです。そのことについては、みんなもこれまでの経験からすでに気が付いていることと思います。さぁ、今からどんな行動を取りますか」などのように学習前に語ることで、子どもたちの学びの構えを、先生の問いかけをきっかけに、子どもたち自身でつかみ取ることができるでしょう。

連結語

ミルトン・モデルでは、「連結語」もうまく活用し、相手をよりよい方向へ導くための効果をねらっています。「連結語」には、次のような効果があります。

現在起きていることと、将来起きることを特定の言語でつなげることで、相手はその因果関係に反応します。

これは、どういうことでしょうか。例えば、連結語を活用したものには、次のようなねらいと実践例があります。

〈接続詞を使って無関係な現象をつなげる「そして」〉

・あなたは私の声を聞いています。そして、より勉強に意欲的になっていくことを感じています。

〈時間の流れを使い現象をつなげる「しながら」「しているとき」「すると」「それから」〉

・先生の話を聞きながら、学習への意欲がわきあがってきます。

・友だちと学び合っているとき、友だちとの協力の大切さに気が付くことと思います。

・授業の開始のチャイムが鳴りました。すると、みんなの学びが始まります。
・朝の会が終わりましたね。それから、今日の学びの態勢を整えましょう。

このようにして、「今（過去）の事実」と「将来の望ましい姿など」を連結語で結ぶことで、相手を望ましい方向へとつないでいくことができるのです。普段から少し意識してこうした話し方をすることで「先生の言うことは聞く」ということが習慣化していくことでしょう。

〈因果関係を使う。要因と結果を伝える「～によって」「～だから」〉
・腰をシャンと立てて座ることによって、頭がスッキリしていきます。
・今、山田先生のクラスで学んでいるのだから、きっと勉強もできるようになっていきます。
・あなたがこのクラスにいるということは、みんなから必要とされているということです。

この「連結語」も、事実を先に伝え、その後に望ましい未来をつなげます。直接関係のないように思えることも、受け手は因果関係を探し出そうとし、そのような思考へと向けることができます。

基準の省略

「基準の省略」とは、比較対象や基準を省略することによって、前提として受け取られやすくなるというものです。では、次の文は、どのように省略されているか、気が付きますか。

・より楽しめる自分を感じていきます。
・さらに集中していきます。

気が付きましたか?どちらの文も、「より」「さらに」などのように基準となるものがあって使う言葉（副詞）ですが、文中には、その基準自体がありません。よって、受け手はそのないはずの基準を自身で探し出し、受け取った情報をもとに行動しようとします。つまり、「楽しめる自分」や「集中する自分」になろうとしていくのです。

普遍的数量詞

「普遍的数量詞」とは、「すべて」「あらゆる」「いつも」「だれでも」「どんな〜でも」「全部」「絶対に」「みんな」などの一般化された言葉を活用したミルトン・モデルです。これらの言葉は、広告のキャッチコピーにも多く使用されています。

- 絶対に速くなる運動靴
- だれでも使える携帯電話
- どんなときでも役に立つ防災グッズ

などです。広告のキャッチコピーは、身近な言葉で人々の印象に残るものに仕上げる努力を必死に行ったものが具現化されたものであり、ミルトン・モデルの視点でみると、本当に多くの工夫がされていることがわかります。

こうした言葉がけは、もちろん、学級でも活用することが可能です。

・みんなで声をかけあえば、だれでも勉強ができるようになるよ
・係活動を一生懸命にすれば、絶対に楽しい学級になるよ
・あらゆる人の応援を力にして、運動会を成功させよう

学級の中で「普遍的数量詞」を活用することで、強いメッセージを送ることができます。子どもたちをひとつにし、ここぞというところで強く方向づけたいときにもおすすめしたいスキルの一つです。

必要性の叙法助動詞

なんだか漢字の多い項目ですが、使い方はとてもシンプルです。ちなみに「必要性の叙法助動詞」とは、「叙法（＝表現のしかた。述べ方）」と「助動詞（＝助動詞は用言や体言に意味をそえる付属語。「れる」「られる」「らしい」などが一例）」に「必要性」を組み合わせてつくられたＮＬＰで使用されている言葉です。

例えば、次のような使われ方をしています。

・学習の成果を上げるには、自分の力で教科書を読めるようにならなければなりません

・みんなの出し物を楽しもうという気持ちがなければ、お楽しみ会を楽しむことはできません
・最後の力を出し切るには、みんなの力を信じなくてはいけません
・あなたの力を最大限に出し切るには、感謝の気持ちをもつべきです

このように、「～できない」「～しなければならない」「～してはいけない」「～べきである」というような言葉を活用します。この「必要性の叙法助動詞」を使うことで、選択肢を限定する効果がありま す。子どもたちに望ましい方向へ進んでほしいときに、先生が「こっちの方向へ進んでほしいな」という明確な方向性がある場合に、大変、有効なスキルです。

可能性の叙法助動詞

次は「可能性の叙法助動詞」というものです。このスキルでは、「できる」という言葉を使って、相手に可能性の目を向けさせることができます。「できないこと」「無理だと思うこと」に対して「できる」という言葉を使うことで「できる」にするにはどうすればよいかといった思考を与えることができるのです。

・目標は達成することができる。
・クラスは今からでもいい状況に回復させることができる
・どんな子だって工夫すればできるようにしてやれる

いかがでしょうか。普段は「難しいな」「できないな」と思うことでも「できる」と言い切ることで、「できる状態」へ思考を働かせることができるのです。そして、その思考がもととなり、行動へとつなげることができます。つまり「できる」ということから、可能性を始められるということです。

挿入命令

「挿入命令」とは、直接的な言葉を使うことなく、「命令」のメッセージを伝えることのできるスキルです。直接的な命令が苦手な子どもに対してや、こちらのメッセージ性をあえて弱めて、自分たちの力で進めている風土を大切にしたいときにも使えるスキルです。

・ゆっくりと宿題への意欲を高めてもらって構いません。（宿題への意欲をあげるのはゆっくりでかまいません）〈宿題への意欲を高めなさい〉という命令のメッセージが埋め込まれている。

・この勉強をすることで、どれだけあなたが豊かな気持ちになるのか、私にはわかりません。〈勉強をすることで、豊かな気持ちになるというメッセージが含まれている〉

1年間、同じ教室で過ごす子どもたちとの時間はどれくらいになるのか、計算すると膨大な時間の量になるでしょう。そのときに、先生として伝えなくてはいけないメッセージもまた、星の数ほどあるのだと思います。そのメッセージの伝え方はひとつでも多く知っておくほうが、先生のためにも、子どもたちのためにも得なのではないかと思うのです。

前提

ミルトン・モデルの「前提」でも、こちらの伝えたいメッセージを相手に強調しすぎないように伝えることができます。「前提」には、次のようなものがあります。

〈時間従属「〜の前に」「〜の後に」「最中」「〜とき」「〜しながら」など〉
・課題を終える前に話をしておきたいことがあります
・このイベントが大成功した後に渡します

・みんなが本気で取り組んだときに、知らせることにします
・みんなが協力をしている最中に合図を出します

これらの文のすべては、こちらの望むことが前提として埋め込まれて話が進んでいることです。例えば「課題を終える前に」であれば、課題が終わることを前提としており、「イベントが大成功した後に」であれば、イベントが大成功することが前提です。こうして、聞き手の負荷をできるだけ取り除いた形で、こちらのメッセージを伝えることができます。

〈序数「最初、先、次、1番、2番など」〉
・漢字の課題と計算の課題、どちらから取り組みますか
・この学級で1番好きなことは何ですか？2番目は？
・最初（先）にどの課題から取り組みますか

このように、序数を入れてメッセージを伝えることで「課題をするという前提」「学級が好きであるという前提」ということを埋め込むことができます。また「Aにしますか。Bにしますか」という問いかけは、相手に選択肢を提示しているので、より答えやすい問いかけの方法となります。

〈副詞と形容詞〉

副詞や形容詞は、文章の中心となる部分を前提にする効果があります。次のような使い方ができるのです。

・あなたは、さらに深く集中したいですか？
・自分自身がこれからますますレベルアップするには、何をすればよいのだろうか？
・みんなはどれくらい簡単に、この課題をクリアしていくのだと思いますか？

このように、「もっと」「ますます」「さらに」「簡単に」「深く」「十分に」などの言葉を使うことで、効果を発揮することができます。

〈時間を変える動詞と副詞「始める」「続ける」「まだ」など〉

時間の経過を示す動詞や副詞は、現在・過去・未来のいずれかに何かをすることを前提にする効果があります。

・みんなは、新しい学習方法で学び始めることができる
・あなたは、これからも学び続けることができます
・まだ、テスト勉強を始めないでください

・すでに、変化し始めていることに気が付いていますか

こうした時間を変える動詞と副詞をうまく使うことでも前提を入れ込むことができます。そして、前提として条件を入れている分、子どもたちには、一歩高い望みを伝えるきっかけを与えることもできます。

〈コメント副詞と形容詞「幸いに」「幸運にも」「純粋に」「ありがたいことに」〉

このような言葉を入れることで、よりやわらかく相手にメッセージを届けることができます。柔らかく伝えると、相手にとっては無理なく受け取ることが可能となります。受け取りやすくなるのです。

・ありがたいことに、学級はうまく軌道に乗りました
・幸いにも、担任を務めさせていただいています
・純粋に、うれしいできごとでした

こうした言葉の使い方は、元来、日本の言葉が大切にしてきたことでもあります。日本人の精神として、かしこまった場では、より相手に柔らかく伝え、受け取ってもらいやすくしようという心遣いがあったのかもしれません。

質問挿入

こちらが伝えたいメッセージに「質問」を入れることでも前提として埋め込むことができます。前提として埋め込む効果は「相手が受け取るストレスを軽減させる」「主体的にメッセージを受け取ってもらう」ということがあげられます。

・もう少し、後ろに下がることはできますか？（後ろへ下がりなさい、というメッセージが含まれている）

・このことについて、みんなの本当の気持ちが知れたらなぁと思っています。（本当の気持ちは何ですか？という質問メッセージが埋め込まれている）

こうした言葉の使い方は、すでに現場で活用されている方もいらっしゃるのではないでしょうか。そうした方も、そうでない方も「こういった言い方には、こうした効果があるんだ」と気が付いていただくことで、これからは、自覚的に言葉を選んでいただき、効果を得ていただけるのではないかと思います。

否定命令

この「否定命令」は、こんな風にしてもメッセージを届けることができるの?と驚きや困惑といった気持ちをもたれる方もいらっしゃるかもしれません。

「否定命令」は、例えば、次のようにして使います。

・学習発表会での発表を楽しみすぎないようにしてください
・自分が音楽のよさを感じているのを感じないようにしてください
・すぐに勉強をするのはやめてください

これらの言葉がけは、文章としては否定されています。しかし、聞き手としては、否定された情報をいったんは想像してしまうことを避けられません。この否定命令の視点からすると「廊下を走らない」という標語は、子どもたちに廊下を走っている姿を想像させてしまっているのかもしれません。「廊下はゆっくりと歩きましょう」などの標語が効果的なのかもしれません。ただ、**学校内に貼られている標語などを、こうした視点から見直してみることが必要です。**

曖昧

話の中に曖昧さを埋め込むことで、言葉があいまいに伝わります。よって、言葉の機能を明確にせず、複数の意味をもたせることができるようになります。

・本当の力を引き出すことのできるクラスの一員となってください。
（他人の能力を引き出すのか、自分の能力を引き出すのかが曖昧。よって、複数の意味として受け手に情報を届けることができる）

また、同じ音や近い音で異なる意味をもつ言葉を使うことで、複数の意味をもたすことも可能です。

・自分の悩みを話す（放す）ことには、とても興味があります。そして、あなたはそれを話した（放した）ときに、これまでの悩みがなくなり気持ちがすっきりすることをご存じでしょうか。

「曖昧」を使いこなすには、他のスキルに比べると少しレベルが高いように感じることと思います。

使いこなすことと同時に「言葉がけにはそれだけの工夫する余地と可能性がある」ということも、この「曖昧」から学んでいただけると、うれしく思います。

事実違反

「事実違反」は、事実上ではありえないことを言うことで、相手によりよい効果を得られることをねらっています。事実上ありえないことを聞いた相手側は、その情報を自分に置き換え、理解しようとします。その作用を活用するのです。

・森には大きな木が立っていて、その木はとても悲しんでいました
・運動会の終わった後の退場門はどこかさみしい表情をしていました
・学校の時計台は、いつもみんなの成長を誇らしく見ていました

どれも、事実ではありえないことばかりです。しかし、受け手はその情報を自分に置き換え、理解しようとします。その理解の内容にこちらの伝えたいメッセージをのせていくのです。

また、道徳授業でも活用することができます。例えば「かぼちゃのつる」という教材を使った授業の

終末場面では
「あなたは、かぼちゃのようになっていませんか？」
と発問することで、自分にはかぼちゃのようにわがままなところはないか、人の注意を無視していないかという意味を含んで考えることができるのです。事実上、かぼちゃなどになるわけはありませんが、自分で情報を得ようとするからこそ、こうした発問が効果を発揮するのです。

引用

「引用」は、文章を書く際には欠かせないスキルです。もちろん、話す中でも大きな効果を発揮することができます。引用することで、権威付けをすることができます。すると、受け手はメッセージを受け取りやすくなるのです。

・職員室の先生方もみんなのことをとてもほめていましたよ
・子どもたちの活躍を来賓の方や保護者の方もとてもよく言っていました
・Aさんも、あなたのがんばりをすごいって言っていたよ
・イチローさんも「小さなことを積み重ねることが、とんでもないところへ行くただ一つの道」と

言っています。まずは小さな努力から始めてみよう

子どもたちに引用して紹介できる言葉が多ければ多いほど、子どもたちへあらゆるメッセージを送ることができます。担任の先生の思いだけでなく、引用した言葉を使用することで、子どもたちは担任の先生の思いを受け取りやすくなります。

これで、ミルトン・モデルの紹介はおわりです。ミルトン・モデルは日々の言葉がけの中で活用できる場面が多くあります。**いつものように子どもたちに伝える前に、一歩立ち止まっていただき、「何か使えるミルトン・モデルはないかな」と探してみてください。**ミルトン・モデルを活用した言葉がけを続けることで、子どもたちへの効果も徐々に感じることができるはずです。

アナログ・マーキング

非言語コミュニケーションを活用して、伝えたいメッセージの一部を強調させることのできるスキルを「アナログ・マーキング」と言います。伝えたい部分をより際立たせるために、非言語である態度や振る舞いを使うことで、指示を強めたり際立たせたりすることができます。挿入命令とセットで使うことで、アンカリングの効果を発揮し、より効果を発揮するともいわれています。

※アンカリング…五感からの情報をきっかけに、アンカーの特性を利用し、特定の感情や反応が引き出されるプロセスを作り出すこと。今回であれば、アナログ・マーキングの際に用いた身振り手振りや声色などがアンカリングのきっかけとなる。

・声の音量を上げたり下げたりする
・指示の前や後に、間をとる
・声のトーンやリズムなどを変える
・手を動かす、眉を上げるなどジェスチャーを取る
・話す位置を移動する

私は、こうしたスキルをNLPなど知る由もない10年以上前の学校現場で見てきました。思えば、駆け出しのころにお世話になってきたベテランの先生たちは皆、こうしたスキルの大切さを知っていました。間の取り方や声のトーンやリズムの変え方など、多くのことを見学させていただきながら、学ばせていただいておりました。「NLPのスキル」は、こうした体系化されていないものをうまく体系化されたものとも言えます。

アナログ・マーキングも、明日から意識することですぐに効果を実感できるスキルです。学校現場で

も大切にされてきていたスキルを明日からその効果を感じてみてください。

さて、次は「マインドリーディング」（読心術）と呼ばれるミルトン・モデルです。そのような名称だと、本当の心理士のような気がしてきますが、そういったことではありません。先にあげたミルトン・モデルの特徴である「あいまいさ」を活用し、相手へアプローチしていく手法です。

マインドリーディング（読心術）

歪曲や一般化を使い、相手の考えが読めているかのように言うことです。相手とのラポール（信頼関係）が築かれやすくなります。

「○○さんは、今、悩みをもっていますね」

「もっとよくなりたい、と思っているよね」

「あなたは、今、自分のこととして考えていますよね」

マインドリーディングは、このようにして活用します。○○さんが悩みを持っているかどうかはわかりませんが、このような言われ方をした相手は「自分の中の悩み」を探し出します。**潜在化しているものを顕在化しようとする**わけですね。脳の中では、このような動きが起こっているのですが、受け手は無意識で行うため、自分で情報を探し出していることに気が付かないことがほとんどです。「どうしてこの先生はわかってくれるのだろう」「いつも自分のことを見てくれているから気が付いてくれたのかな」と、相手に信頼してもらうことへもつなげることができます。

※歪曲…自分の考えを検証することなく、意味づけや解釈を行うこと。「雨の日は憂鬱だ」

※一般化…「全てが○○だ」「みんな○○だ」など、例外を排除する言い方。「これまでのやり方を変えるべきではない。」

メタプログラム

本項で扱うのは「メタプログラム」と呼ばれるコミュニケーションスキルです。メタプログラムは、個人がもつ無意識における物事の認識パターンを表します。そして、メタプログラムは、人それぞれがもっており、個人差があります。

モチベーションのアップの仕方を考えてみても、人によって違いがあります。「こんなことを達成していこう！」と、未来の希望を描くことでモチベーションがアップする人もいますし、「今これをやっておかないと次の試合で負けてしまうかもしれない」と追い込まれることでモチベーションをアップさせる人もいます。どちらが正しいかということではなく、人によってスイッチの場所や方法が違うということです。

分析心理学で有名なカール・グスタフ・ユングは「性格類型」を提唱し、人を16のタイプに分けて考えました。そのユングが開発した性格類型をもとにして、ＮＬＰでは、次のような基準の中で、人の傾向を分析しています。（※なお、このタイプ分けが絶対というわけでは当然なく、相手を知るためのひとつの参考資料として判断してください。人をタイプで分けることができるのかどうか、という議論は避けたいと思います）

主体性　価値基準（クライテリア）方向性　ソース　外向的／内向的　時間の指向　最初の関心　変化／相違対応　選択自由　スコープ　関係性　ストレス対応　連携　システム　ルール　知覚チャンネル　意思決定

では、順に、この中のいくつかについてみていきましょう。ちなみに、P147の表の中に出てくる「影響言語」とは、次のような意味になります。

影響言語

影響言語とは、メタプログラム内でタイプ分けされた人が影響を受けやすいとされている言葉の種類です。相手に合わせた言葉がけを行うことで、より成果を得られやすくなるものと考えられています。

主体性

刺激に対してどのように反応するか。自らイニシアティブ（開始・先制・率先・先導などの意味）を取り主体的に行動するか、他人の反応や状況を見て反応するか、というところが分かれ目となります。

価値基準（クライテリア）

様々なコンテクスト（文脈などの意）で自分が大切にしているもの、もしくは、正しく適切であると信じている信念・価値観を表します。肯定的で身体的・感情的反応が引き起こされるもののことです。相手の価値基準を知るために、次のような質問をし、得られた情報から分析します。

・あなたにとって大切なことは何ですか？
・そこになくてはならないものは何ですか？
・○○に何を求めますか？（例）仕事に何を求めますか？
・○○はあなたに何をもたらしてくれますか？（例）運動会はあなたに何をもたらしてくれますか？

	概要	言葉の特徴	行動の特徴	影響言語
行動型	考えるより先に行動する。行動することでモチベーションがあがる。イニシアティブをとる。	短く簡潔な文章を好む。自分が思う通りになるように話す。明快ではっきりとした文であり直接的。	せっかち。早口。活動的でじっと座っているのが苦手。	する　飛び込む　行動する　やる　向かう　今すぐ　片付ける　取り掛かる　待たない　とにかくやってみる　君ならできる　リーダーシップを発揮する
分析型	事態や状況を観察し、機が熟してから行動を起こす。周りに反応することで動機づけられる。	不完全な文を好む。主語または動詞がないことが多い。何かに支配されているかのように話す。物事の理について話す。	長時間座っていることを苦にしない。	わかる　反応する　考える　理解する　待つ　分析する　～かもしれない　～もありえる　～したらどうしよう　～できるだろう　検討してみる　考慮する

・何があったら決断できますか?

こうした「○○において、大事なことは何ですか?」という質問を通して、相手の価値基準を探っていきます。相手の強調していること、繰り返される言葉などに注目すると、相手の価値基準を引き出すことができます。

方向性

「方向性」は、相手が、目標を達成しようとして行動を起こすか、それとも、問題について考えたり回避したりしようとして行動を起こすのかを探ることができます。

方向性が「目的追究型」か、「問題回避型」かを探るためには、次のようにします。

○○はどうして大切ですか?(この質問を3回以上行う。また、目標のその先にある本当に手に入れたいと思っているものまで引き出せるようにします。例えば、テストで100点を取りたいというその先にあるものは、親からほめられたい、など)

そして、その質問から得られた回答をもとに（または、普段の相手との会話や様子を把握することで）次の表のどちらにあてはまるのかを確認して、相手のことを理解していきます。

	概要	言葉の特徴	行動の特徴	影響言語
目的追究型	目標をもつことでモチベーションが上がる。目標を視野に入れて優先順位をつけて行動できる。問題を認識するのは不得意。	得られるものについて話す。達成、到達しようとする。望むものにフォーカスをおく。	何かを指差す。うなずく。受け入れるジェスチャーや態度。	到達する　獲得する　手に入れる　できる　達成する　ゲットする　受け取る
問題回避型	問題を回避しようとしたときに行動力が上がる。修正したり直したりするものがあるとモチベーションが上がる。トラブルシューティングが得意。	避けたい状況について話す。望まないものにフォーカスをおく。問題を意識する。	排除する。首を横に振る。何かを避けたり取り除いたりするジェスチャー。	避ける　除く　延ばす　逃れる　免れる　する必要がない　解決する　直す

これらを踏まえ、次のような2つのエクササイズをしてみましょう。

エクササイズ①

1か月先に控えた運動会。2人の子どもに対し、それぞれ目的追求型の子どもと問題回避型の子どもに効果的にアドバイスするには、どのようにコミュニケーションをとればいいのでしょうか？

エクササイズ②

個人懇談会で、子育てに悩む2人のお母さんからお話を聞くことになりました。目的追求型のお母さんと、問題回避型のお母さんそれぞれにどのような対応をすればよいでしょうか？

いかがでしょうか？もちろん、そのときの状況、相手と自分のラポール形成など、様々な要素が絡み合ってそのときのひとつの答えが出されます。正解は断定できませんが、例えば、次のようにしてみることも、ひとつの手です。※傍線部は催眠言語（そのタイプの人に影響を与えやすい言語）です。

エクササイズ①解答例

〈目的追求型の子どもへ〉

いよいよ運動会が近づいてきましたね。今、一生懸命練習するかどうかが、自分たちの目標に到達できるかどうかにかかっています。自分たちの得たいものを手に入れるには、自分たちが手にしたいものを受け取るためには、今どうするか、今日の練習がとても大切です。あなたたちは絶対にできます。今日の練習を乗り越え、最高の運動会を達成しましょう。

〈問題回避型の子どもへ〉

いよいよ運動会が近づいてきました。本番での失敗を避けるためには、今日の練習に一生懸命取り組まなくてはいけません。今日は、○○の部分を直していきましょう。それが、今の私たちの課題を解決する方法です。心配な部分はできるだけ取り除くようにしましょう。失敗を恐れる必要はありません。今日の練習に集中していきましょう。

エクササイズ②解答例

〈目的追求型のお母さんへ〉

お子さんのお話を聞かせていただきありがとうございます。○○さんにとって達成したいことは何かをもう一度考えてみてはいかがでしょうか。○○さんは絶対にできます。○○さんが得たい成果を獲得するためにも、一緒に取り組んでいきましょう。そうすれば、必ず望ましい成果を受け取ることができるはずです。

〈問題回避型のお母さんへ〉

お子さんのお話を聞かせていただきありがとうございます。○○さんにとって、〜〜という状況を避けることをまず考えるべきなのかもしれません。そのためには、○○さんの抱えている心配を取り除いてあげる必要がありますね。する必要のないことからは逃れたほうがいいのかもしれません。そうすることが、○○さんの問題を解決する一歩になることと思います。

ソース

「ソース」とは、情報源のことです。何かを判断するとき、判断のソースをどこにするのかということも人によって違います。判断の基準を外部からの情報・評価におくのか、それとも自分の中の信念や価値観におくのか。何かがうまくいったと判断するとき、どのようにしてその状況を理解するのか、同僚からの助言、フィードバックに対してどのように反応するのか、自分の意見にだれかが反対したら、どのように反応するのか。ここでは、そのようなことを「外的基準型」と「内的基準型」に分けてみていきましょう。

	外的基準型	内的基準型
概要	周りの意見・反応を基準に判断する。自分がうまくできているかどうか周りからのフィードバックを必要とする。	情報を集め、自分の価値基準と照らし合わせて判断する。自分の中でわかる。
言葉の特徴	周りの人や外部から得た情報によって決定や判断が左右される。自分の仕事をチェックリストやノルマといった外部の基準と照らし合わせる必要がある。外部からの情報を決定事項、自分に対する支持とみなす。	感覚的に自分で決める。自分の判断基準に基づいて評価する。指示されたり自分の行動を他人に決められたりすることには強く反発する。周りからの指図や助言は単なる情報。
行動の特徴	上体を前に倒す。周りの人の反応をみる。周りの様子を伺ってうまくいっているか判断する。知りたがっていることが顔の表情に表れる。	背筋を伸ばして座る。自分を指差したり胸に手を当てたりする。反応に少し時間がかかる。（ほかの人からの評価に反応する前に自分で評価する）ジェスチャーは小さめで表情に表れにくい。
影響言語	～によれば　一般的に～と言われています　慣例では　アドバイスとしては　ほかの人の目には　周りからの反応は	おわかりだと思いますが（最終的には）あなた次第ですが　1つの可能性として考えられるのは

エクササイズ

学級代表を薦めるにあたって、外的基準型の子どもと内的基準型の子どもに向けてどのように声をかけるのか、考えてみましょう。

エクササイズ解答例

〈外的基準型の子どもへの解答例〉

学級代表をしてみてはどうですか？学級代表をすることで、他の人の目には「あ、○○さんはがんばっている！」と見てもらえますよ。また、前に先生のクラスで学級代表をしていた子どもが言っていたことによれば、「学校がすごく楽しくなる」と言っていましたよ。先生のアドバイスとしては、学級代表にチャレンジしてみることをお薦めします。

〈内的基準型の子どもへの解答例〉

学級代表をしてみてはどうですか？おわかりだと思いますが、学級代表をすることで様々なやりがいがあります。１つの可能性として考えられるのは、学級代表をすることでより学校が楽しくなるということです。最終的には、あなた次第ですが、学級代表の立候補を考えてみてください。

外向的／内向的

リラックスできるのはどんなときか、だれと一緒にいたいか、そんなことを問いかけることで、その人が「外向的」か「内向的」かを探ることができます。

外向的	内向的
内的な世界よりも人や出来事など外的な世界を好む。アイデアや人、出来事がどのように他の人々に影響するかに関心がある。多くの人との交流を好み、深くはないが、幅広い人間関係をつくる。環境を物事の原因・理由としてとらえる。	知的な付き合いや出来事よりも、思考やアイデアなど内向的な世界を大切にする。少ないが深い人間関係をもつ傾向にある。自分自身を物事の原因・理由としてとらえる。

「もしも、自由に休み時間を過ごせるとしたらどのように過ごしたいですか？」などの質問の答えを聞くことで探ることができます。みんなと遊びたいという答えは外向的ですし、一人でゆっくりお絵描きや読書がしたいという答えは内向的となります。

時間の指向

その人が「時間のどの領域に意識を向けているか」ということを探るものです。

過去指向	現在指向	未来指向
伝統を重んじる傾向にあり、過去を大事にする。将来のことを考えるのが苦手。	今を生きる。目の前のことに集中する。過去にも未来にもとらわれずに生きている。	常に将来のことを考えている。過去のことを考えるのが苦手。

どのメタプログラムの項目もそうですが、どれが1番よい、どれが1番よくないと優劣をつけるものではありません。あくまでも相手や自分のタイプを把握するものです。また、AかBかというようにはっきりと区別されるものではなく、その傾向が強い、というものであり、だれしもが、どの項目もも

ちあわせていることになります。

最初の関心

出来事に触れたとき、最初に注目するのは何かを見ます。

①人　②場所　③活動　④もの　⑤情報

「あなたの好きな時間のことを教えて?」

「これまでの学校生活で、一番楽しかったことは?」

こんな質問から「最初の関心」を探ることができます。

変化／相違対応

変化や違いにどのように反応するか、どのくらいの頻度でどのくらい大きな変化を必要とするか、共通点と相違点、どこに注目したときにモチベーションが上がるのか、といったことを見取っていきます。

他にもいくつかのタイプが存在しますが、紙幅の関係上、ここまでの紹介とさせていただきます。も

	概　要	言葉の特徴	影響言語
同一性重視型	常に同じ状態にあることを求める。変化を嫌い、変化に順応することを拒むことがある。	それがいかに同じであるか、共通点、変化していないか	～と同じように、共通の、以前と同じように、いつもしているように、など
進展重視型	時間と共にゆっくりと状況が変化していくことを好む。変化が段階的で緩やかでないと抵抗を覚える。	時間と共にどのように進展したか。より良くなったことを除いて同じ、目的地に到着するよりも、過程に焦点を合わせる。	もっと、より良く、～を除いて同じ、進歩した、発展、アップグレードした、昇進、成長、など
相違重視型	変化を生きがいにし、絶えず大きな変化を求める。変化のない安定した状況に抵抗を覚える。	どのように違っているか、新しい、違い、変化した、一変した、劇的、など	新しい、まったく違う、ユニーク、独自の、聞いたことがない、たった1つの、など
進展・相違重視型	大小の変化を好むが、物事が徐々に進展していくことにも心地よさを覚える。劇的な変化と緩やかな変化の両方があると満足する。	相違重視型と進展重視型の双方で応答する傾向がある。	相違重視型と進展重視型の双方で応答する傾向がある。

ちろん、それぞれのタイプを知り、自分とかかわる人はどのようなタイプなのかを見定めてコミュニケーションを図ることで、よりよい効果を得ることができるでしょう。ただ、これだけ詳細にタイプ分けされたものを頭の中に入れ込み、かつ相手をみて順番に対応していくことは至難の業です。よって

「人にはタイプがある」

「それぞれ、だいたいこのような傾向がある」

「その人たちの特徴や興味関心があり、その人たちに適した言葉（影響言語）がある」ということを知っておくことが大切になります。

それだけで

「この人はどのようなタイプの人だろう」

「この人にはどのような言葉がけが適しているかな」

と、その人に合ったコミュニケーションを取ろうとします。それこそが大切な要素であり、**「相手を知ろうとする」「相手に合わせたより成果のあるコミュニケーションを取ろうとする」ことが大切です。**

そうしたことを、改めて知っていただくためにも、「メタプログラム」は大切な視点であると思います。

メタモデル

こんな教室、思い浮かびますか?

先　生「この前言ったでしょ!?どうしてこうなっているの!」
子ども「ごめんなさい…。(あれ?そんな風に先生ほんとに言ってたかな?)」
先　生「どうしてそうなの?みんな不真面目すぎます。もっと真面目になりなさい。」
子ども「ごめんなさい…。(このことだけで不真面目だなんて決められるの?)」
先　生「この前こう言ったじゃない!なんでやっていないの!?」
子ども「ごめんなさい…。(そんなこと言ってないよ…)」

また、職員室でもみられるのかもしれません。

A先生「B先生、資料できました！」
B先生「あれ?もっとこうしてって言いましたよね?」
A先生「すみません…。（いや、そんなこと言ってないよ）」
A先生「B先生、今度の授業の教材つくりました。」
B先生「うーん、ここはこうしてって言ったんだけどなぁ。」
A先生「えっ、そうだったんですか。すみません…。（ここは、こうって言ってたのに！）」
B先生「A先生、あの案件、C先生に言った？」
A先生「えっ?言わないといけないことなんですか?」
B先生「そりゃそうでしょ。こういう案件はきちんとC先生に報告するのが当たり前でしょ。」
A先生「すみません…。（そんなこと知らないよ）」

いったい何が起こっているのでしょうか?

同じ教員という立場で同じ言語の日本語を使い、同じ職場同士であるにも関わらず意思疎通がうまくいかない。こんな経験、だれもがあるのではないでしょうか?

子どもたちとも。

保護者とも。

同僚や上司とも。

本項では、なぜこのようなミスコミュニケーションが生まれるのか、どうすればこのようなコミュニケーションを防ぎ、改善できるのかを扱っていくこととしましょう。

メタモデルとは？

ＮＬＰの中に「メタモデル」と言われるものがあります。ＮＬＰは、３人の天才と呼ばれたセラピストたち（バージニア・サティア、ミルトン・エリクソン、フリッツ・バーグ）の実践やスキルを体系化・一般化し、だれにでも使えるようにすることを目的に、ジョン・グリンダー、リチャード・バンドラーがつくりだしたものですが、その最初につくり出したスキルがこの「メタモデル」と言われています。

なぜ、人と人とのコミュニケーションはうまくいかないのでしょうか。

先にあげたような場面は、教室・職員室のみならず、教員の世界だけでなく、どこにでもみられるものなのです。

まずは、メタモデルとは何かについてみてましょう。

フリッツ・バールズとバージニア・サティアが、ある決まった型の質問をすることを発見し、それを分析して生み出されたもの。

「メタ」とはギリシャ語で「上に」「超えて」「異なるレベル」という意味を指す。メタ視点より、相手の経験をより具体的に理解するための情報収集の質問体系。コミュニケーションに欠けた情報を埋め合わせ、深層部から完全な経験を取り出す。

話し手が体験を言語化するとき、その体験は深層部から表層部に浮上する。深層部から表層部に出た言葉がどういう意味をもっているかを質問によってより具体化し、明確にする。そして、言葉によるコミュニケーションを完全にしようと試みる。


そして、メタモデルでは、無意識の中に完璧な体験があるとされる深層部から、表層部へ情報が単純化される中で次の3つの現象が起こると言われています。

・省略
・歪曲（わいきょく）
・一般化

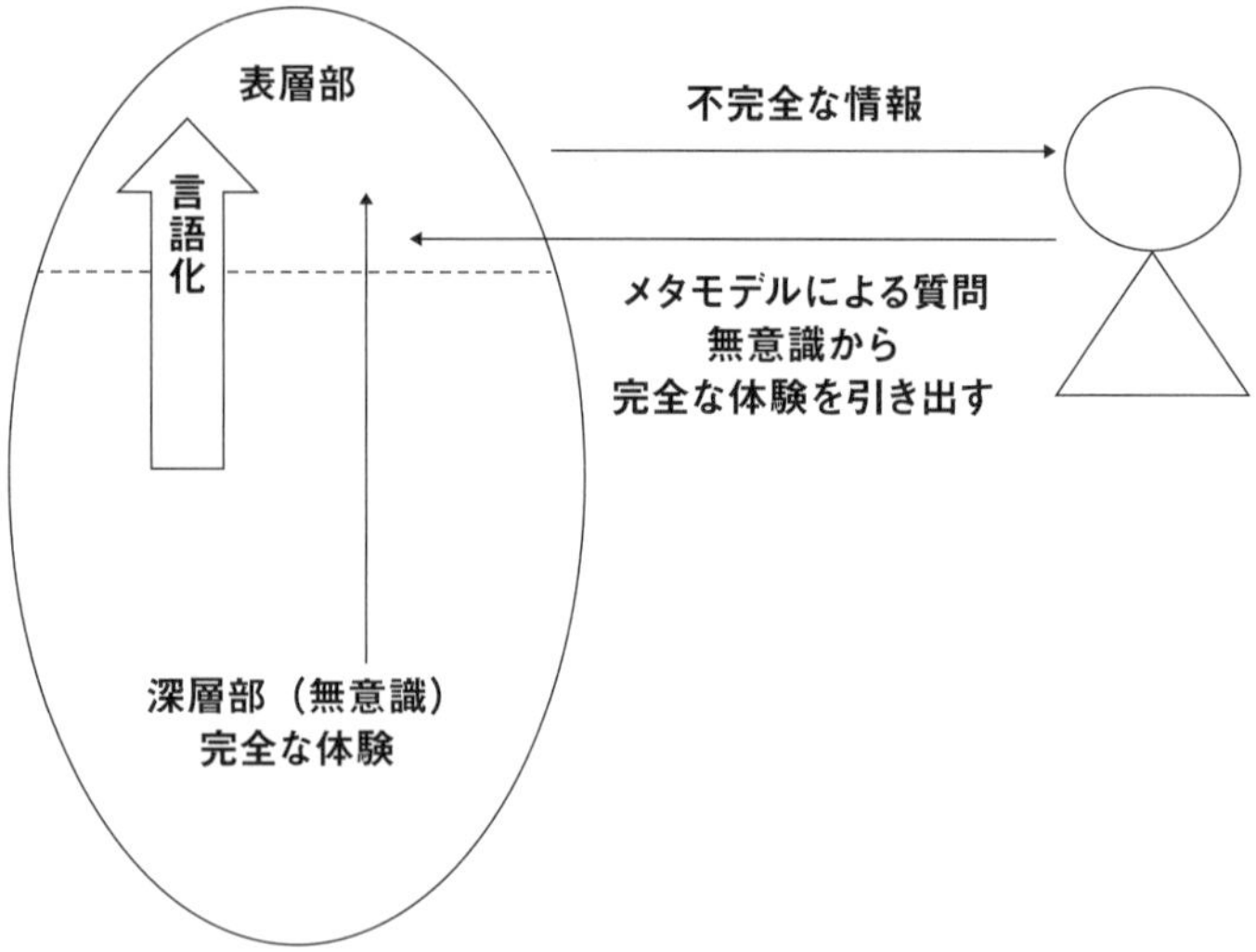

メタモデルによるコミュニケーションのイメージ

それぞれ、どういうことなのでしょうか。順にみていきましょう。

・省略

深層部にあるわずか一部の情報だけが選ばれ、話し手の本意が不明確になる。

・歪曲

話す内容を単純化するプロセスで、必然的に意味や真意が歪められる。

・一般化

例外や可能性が考慮されず、一般化が行われたもの

こうした深層部から表層部に引き上げられる際

分類	種類	内容	例
省略	〈不特定名詞〉	具体的・特定なものをしめしていない	例）あの案件どうなった？ だれの？ いつ？ 何の？ どこの？
省略	〈不特定動詞〉	具体的に特定の行動をどのように行われているか示していない	例）うまくいきました。 具体的には？ どのように？
省略	〈比較〉	比較対象が省略されている。	例）このケーキ、高いですねぇ。 何と比べて？
省略	〈判断〉	評価・評価基準が省略されている。	例）あの人は優秀ですか？ だれが決めた？ 何を基準に？
省略	〈名詞化〉	プロセスを静止した名詞化にしてしまう。	例）あの人は何に対しても反対する。 だれが？ どうやって？
歪曲	〈等価の複合観念〉	2つの異なる文章が同じ意味になっている。	例）関西の人（A）はおもしろい（B）ね。 どうしてAがBを意味する？
歪曲	〈前提〉	何かの前提が隠されている。	例）最近の芸能界はダメだね。 何があなたをそう思わせた？ どうしてそう信じた？

に生じる「省略」「歪曲」「一般化」からミスコミュニケーションが生まれる可能性が生まれます。そして、メタモデルはそうしたミスを防ごうとする質問スキルです。「省略・歪曲・一般化」によるミスコミュニケーションを防ぐための例に対する「質問」は上の通りです。

　これらはそれぞれの状況で使えるメタモデルです。**人のコミュニケーションは不完全が前提です。**そうしたことを意識し、気になるときには、こうしたスキルを活用して、よりよいコミュニケーションをとってみてください。必ずや、これまでのコミュニケーションとは違った手ご

歪曲	〈因果〉 原因と結果	例）天気（A）が悪いと気分（B）が落ち込む どうしてAがBの原因？ Aが原因でないとすると、Bはどうでなければならない？
歪曲	〈憶測〉 他人の気持ち・考え方をわかると決めつけている。	例）○○さんに嫌われているんだ いったい、どうしてそれがわかるの？
一般化	〈可能性の叙法助動詞〉 できない無意識のうちに限界をもつ	例）私、歴史無理です。 もしできたとしたら？ 止めているものは何？
一般化	〈必要性の叙法助動詞〉 べきだ　べきでない	例）辞めるべきではありません もし、そうしないとどうなる？ もし、そうしたらどうなる？
一般化	〈普遍的数量詞〉 逆説的限定になる	例）私はみんなから信頼されていません すべての人が？あらゆる？いつも？だれでも？ 1つも…ない？決して…ない？

たえを得ることができることと思います。

教室や職員室での活用

教室や職員室ではどのように活用することができるのでしょうか。例えば、子どもたちに友達関係について相談されたときです。

「私はいつもみんなから無視されている」（省略されている。いつもでないのでないか？みんなではなくだれかではないか？）

事実であれば、そのまま受け止めてやればよいのですが、その子が受けた「無視」の辛さに対するイメージが強く、「いつも」という言葉で表現されている可能性もあります。

そんなときは、その子の辛さを十分に受け止めてあげた後に
「本当にいつも、毎日、毎回無視されているの？」

と聞いてあげましょう。

そうすれば、その子は思い返します。

「あれ？私いつも無視されているわけじゃないのかもしれない」

そうやって、その子の視野を広げてやります。そして、自分自身が思い込み（つまり、省略）していたことを自覚させてやるのです。

子どもたちや保護者、同僚の方との会話の中で「省略されていることはないか」「歪曲されていることはないか」「一般化されていることはないか」を気にかけてみましょう。

まずは、そうしたことに気が付くことからです。

気が付くことで次にするべきことが見えてきます。

可能であれば、先程あげた表の中の質問をするのもいいかもしれません。

このメタモデル（省略・歪曲・一般化）を知るだけで、コミュニケーションのミスによる人間関係のこじれをうんと減らすことができるはずです。

授業での活用

また、授業中に活用することも大いに可能です。

特に、道徳の学習や教科の学習中に子どもたちが自分の考えを発表しているときにも大いに役立てることができます。

子どもたちは、意見を求められたときに、思い思いの表現をします。時には、大人が驚くような意見を出すこともあり、授業者すら超えてくるようなこともしばしばです。

ただ、そこはやはり、子どもの言う意見です。「授業」という限られた空間なので、子どもが伝えたいことが十分に含まれていないことがあります。

つまり、「省略」「歪曲」「一般化」が発生している可能性が高いということです。

せっかく子どもたちの中には輝く宝石が眠っているのに、その宝石に出会うことなくして終わってしまうとなると、それは本当にもったいないことです。

子どもたちが出した意見から、宝物に出合うためには、この「省略」「歪曲」「一般化」を打破していかなくてはいけません。

そこで、先程表にあげた質問を駆使します。質問をすればひとつ深い思考から生み出された答えが帰ってきます。

「具体的には?」「どのように?」「だれが?」「どうやって?」

「何があなたをそう思わせたの?」「いったい、どうしてそれがわかるの?」

「もしできたとしたら?」「すべての人が?」「あらゆるものが?」

こんな質問を子どもたちに切り返してあげましょう。

そのときに、子どもの本当の思考の深さと出会うことができるのです。子どものもつ思考の深さに、きっと驚きをもたれることと思います。

ぜひ、子どもたちの本当のもつ意見との出合いを果たしてくださいね。

リフレーミング

突然ですが「ピーマン」をイメージしていただいてもいいでしょうか?

頭の中にピーマンの形をくっきりと思い浮かべていただき、十分にピーマンを思い浮かべた方から、そのピーマンを使って料理をしていただいて、料理されたピーマンを目の前に思い浮かべていただき、口の中に運ぶイメージをしてみてください。

さて、この一連動作をしてみていただいて、どのようなイメージをもたれたでしょうか。

「しゃきしゃきしておいしいなぁ」と思い浮かべた人もいるでしょう。

「苦みがいいなぁ」と思われたかもしれません。

もしくは、「ピーマンはちょっと苦手だなぁ。苦みが嫌なんだよなぁ」と思う人もいたかもしれませんね。

同じピーマンですが、人によって捉え方はそれぞれですよね。今回はそんな話をしていきます。

「ピーマンの話だったら学校の現場と話がつながらない！」という方もいらっしゃるでしょう。では、学校に変えて考えてみましょう。

ピンポーンパーンポーン。

「○○先生、○○先生、保護者の方からお電話です。職員室までご連絡ください」

教室で仕事をしているあなたにある保護者の方から電話がかかってきたようです。

このとき、あなたは次のどちらの思いをもつでしょうか。

A：クレームかなぁ。いやだなぁ。

B：おっ、保護者の方と話ができるチャンス！

もしくは、次のうちならどちらでしょうか？

A：ちょうど仕事がはかどっていたのに…。やめてくれよな。

B：仕事のリフレッシュのいい機会だ！

AとBのどちらも選ぶこと自体はできますよね。それが、今回扱う「リフレーミング」なのです。事実はひとつですが、捉え方は自由である、無限にある、というお話です。

リフレーミングとは

ある出来事や物事を、今の見方とは違った見方をすることで、それらの意味を変化させて、気分や感情を変えることです。「保護者からの電話」という事実はひとつです。この事実は変えようがありません。ただし、捉え方は人によって、考え方によって変えることができます。先の事例でいくと、Aという捉え方も、Bという捉え方も自由に行うことができますよ、ということです。

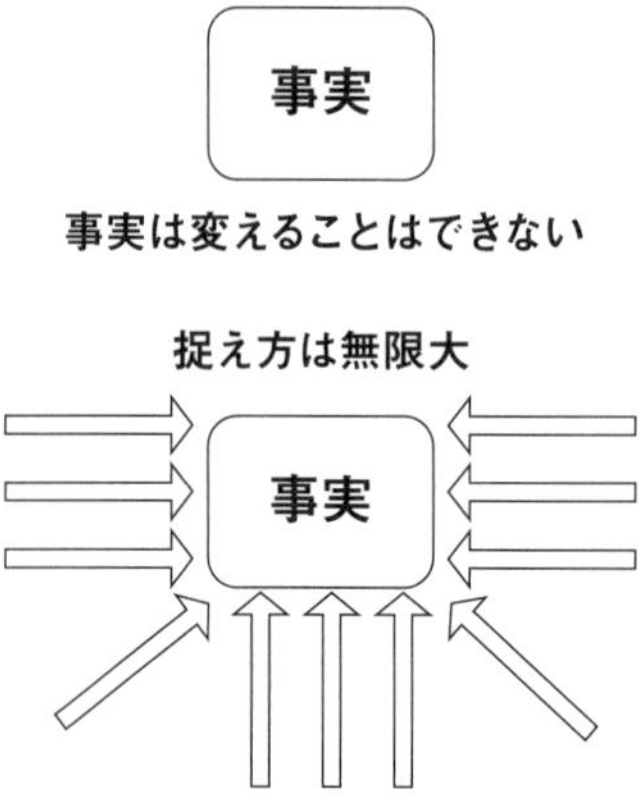
事実
事実は変えることはできない
捉え方は無限大
事実

図にすると、上のようなイメージでしょうか。

さて、あなたは「事実はひとつだけれど捉え方は自由であり無限大」ということを知り、それをどのように活用していきますか。今回紹介している「リフレーミング」は、その事実を知ることはもちろん、どのように活用するのかもとても重要になってきます。

なぜなら、ひとつの事実に対して、プラスにもマイナスにもそのほかにも、受け止め方は自由だということですから。

ただ、人は、元来「よくなろう」と思う生き物です。そうでなければ、「より便利なものを」「より豊かな生活を」「より過ごしやすい社会を」ということを望むことはありません。ここでは「人が元来よくなろうとするものである」という前提のもと、話を進めていこうと思います。

そして、この「リフレーミング」という考え方は、私たち日本人にとって決して聞いたこともない新しいものではなく、これまでも大切にされてきている考え方であることも押さえておきましょう。

それは、ずっと伝え続けられていることわざが教えてくれます。

・失敗は成功のもと
（「失敗」という事実を、これからの成功のもとと捉えなおしている）
・昨日は人の身今日は我が身
（他人に起こっている災難も、いつ自分にふりかかるものかわからないと捉えている）
・人が取り残して最後に残った物には、思いがけない幸運があるということ。
（残していったものに幸運があるとは限らないが、そのように捉えている）

人は、一つの物事を探求することを繰り返してきています。これまでにも、一つの事実に対し、様々な捉え方を模索し、よりよい捉え方を探ってきているのです。

私も、この「リフレーミング」を多用しています。

例えば、プリントの印刷ミスを続けてしまった場合。そのミスにがっくりすることは変わりありませんが「今日はついていない」や「自分にはこうした仕事は向いていない」、さらには「〇〇のおかげで失敗した」など、あきらめやネガティブに捉えることもできますが、やはり、私も前向きに物事を捉えたいと思いながら日々を過ごしています。よって、そのときには、

「これからより確認をしてから印刷をするように」

と、この事実から教えを受けたというように捉えました。そこからは、「より確認できる方法は何か」と考え、数日前に作成しておき、提出前に確認をし、確認していただく担当の先生にチェックしていただいた後も、もう一度確認するというようにしました。このようにして、自分を変化させることができたのも「印刷の失敗を確認するようにという教え」と捉えたからこそ、できたことだと言えます。

また、仕事を進めていくうえで、様々な方から指導をいただくことがあります。もちろん、そうした指導をいただくことで、自分を成長させることができるのですが、そうした言葉はすんなりと自分の中に受け入れることができないこともあります。「忠言は耳に逆らう」という言葉もあり、忠告の言葉は、とかく聞く側の感情を害するものなので、素直に受け入れにくいとも言われています。

そんな言葉もリフレーミングを知れば「捉え方は自由だ」と気が付くことができます。「この言葉は自分の成長のための言葉」「この言葉でまた自分を広げられる」と思うと、感情を害するどころか、感

情をうれしくさせてくれるものへと変化させることも可能です。

こうしたことを知ったのち、みなさんは、これからの事実をどのように捉えていきますか。

例えば、次のような事例では、どのように捉えるでしょうか。それぞれを通常捉えられている捉え方と逆の捉えをしたリフレーミングをしてみてください。

○保護者からクレームがきた

○学級に入りにくい子どもが出た

○なかなかウマが合わない子どもがいる

○学級が落ち着かない。荒れ始めてしまった

○授業がうまくいかない。子どもたちが退屈そうにしている

○学校で1番大変と言われる子どもを担任することになった

○とても怖い先輩先生がいる

○管理職が頼りない

○家からの通勤時間がものすごくかかる

さて、いかがでしょうか?どの項目も、通常は「嫌だなぁ」「なんとかならないかなぁ」と思われるような項目かと思いますが、リフレーミングをすることで、さまざまな受け取り方をすることができます。そうすることで、普段何気なく起こる現象も、多面的な捉え方をすることができるようになり、自分自身を広げられるようになります。

それぞれの項目を、例えば、次のように捉えてみてはどうでしょうか。

○保護者からクレームがきた

・自分の至らないところを修正できる
・関係をつくるのが難しい保護者とつながりをつくることができる
・より自分の実践をいろいろな角度から見つめなおせる

○学級に入りにくい子どもが出た
・その子どもと自分のつながりをつなぎなおせる
・その子どもと学級の子どもをつなげることができる
・その子どもにとって、入りにくい期間が必要な時期なの

○なかなかウマが合わない子どもがいる
・自分とは違った考えや捉え方を知ることができる
・自分の受け皿を広げることができる
・これから出会うかもしれない「ウマの合わない子ども」とどう付き合うかという課題として捉える

○学級が落ち着かない。荒れ始めてしまった
・自分自身の実践を見つめなおすよい機会
・書籍やセミナー、先輩教師などから学べるいい機会（普通、学級がうまく回っていると感じるときに、人は学ぼうとはしない）
・どうして学級が荒れてしまうのか、学級の深い部分まで見ることのできるよい機会

○授業がうまくいかない。子どもたちが退屈そうにしている
・書籍やセミナー、先輩教師などから学べるいい機会（学級の状態と同様、うまくいっているときに人は学ぼうとは通常しない）
・新しい実践を取り入れることができるよい機会
・自分のこれまで続けてきた実践を変化させることのできるよい機会（人はうまくいっているパターンを変えることはなかなか難しい）

○学校で1番大変と言われる子どもを担任することになった
・自分の実力を試すことのできるよい機会
・学級全体の力をどこまで高められるかというよい機会
・学校全体を巻き込んで学級経営をするよい機会（大変な子だからこそ、学校全体が目を向けてくれる）

○とても怖い先輩先生がいる
・「苦手だな」と思う人とどう付き合うのかを知れる機会
・「苦手だな」と思う人とうまくいっている人から、スキルを学ぶよい機会
・自分がどのような人を「苦手」と感じるのかを知るよい機会

○管理職が頼りない
・もし自分が管理職なら…、とポジションチェンジをして考えてみるいい機会
・管理職が果たすべき仕事を果たすことができない今だからこそできる仕事があるはず
・みんなの不安や心配を受け止めることで職場をまとめる機会

○家からの通勤時間がものすごくかかる
・移動時間を自分の好きな時間にあてることができる（読書など学習、睡眠、思考する時間）
・一人の時間として確保することができる
・早寝早起きの習慣が付く

いかがでしたでしょうか？リフレーミングとは「事実はひとつだけれど、捉え方は自由で無限大」ということです。せっかく自分の目の前で起こっている事実です。もし、みなさんに、この先にある目標や夢のようなものがあるならば、その事実を思い切って自分のために使ってみませんか？

リフレーミングというスキルを手に入れたみなさんがこの先にどのような捉え方をされて、事実を自分の成長の種とされるのか、とても楽しみです。

CHAPTER

4

自分を発揮し、伸ばすスキル

自分を発揮し、伸ばすスキル

タイムラインコンペアード

「人生は選択の連続です」

こういうと少し大げさに聞こえるかもしれません。ただ、よく考えてみると、私たちの人生はもちろん、一日ですら選択の連続ではないでしょうか。

「そろそろ起きようか、もう少し布団で寝ていようか」

「朝ごはんはコーヒーを飲もうか、カフェオレにしようか」

「今日はいつもよりも1本早い電車にしようか、1本遅らせようか」

細かなところをみると、選択の連続なのです。そして、その選択の積み重ねで、みなさんの人生がつくられていきます。AとBで、AにしたならAを選んだ人生が、Bを選んだならBという人生が待っています。選ばなかったほうの人生を覗くことはできませんが、まちがいなく、その人生も可能性としてはあったのです。

学校現場でも、選択の連続ではないでしょうか。

「今、子どもがしたことを叱ろうか、やめておこうか」

「今日あったことを保護者に連絡しようか、やめておこうか」

「指導案をつくるのを先にしようか、学年だよりをつくるのを先にしようか」

他にも、もっともっとあることと思います。もしかしたら、迷う時間すらなく判断しているようなこともあるのかもしれません。とにかく、私たちは、選択と判断を繰り返しながら時間を過ごしているということです。

そして、私たちは、時に次のような思いをもってしまうことがあります。

「先にこっちの仕事をしておくべきだったなぁ」

「あのとき、ほめてあげたらよかったなぁ」

「あのときは、叱るべきじゃなかったなぁ」

「きちんと、話を聞いてあげるべきだったなぁ」

「あそこまで話すつもりはなかったなぁ」

こうした思いは、どうしてももってしまいがちです。そして、

「もう少し考えてから行動するべきだったなぁ」

と思うのです。こうしたことは、仕方のないことですが、もしうまくいかなかったとしても、少しでも

自分の納得のいく形にできればと思いませんか?

常に存在する選択の道。これらをできるだけ自分の納得のいく道に選ぶ方法があります。それが「タイムラインコンペアード」というワークです。

タイムラインコンペアードとは

2つの選択肢で迷うときや、判断に迷っているときに活用できるタイムライン(※1)のワーク。

1本の決まったタイムラインではなく、2つの異なる方向の未来のタイムラインをイメージし、さらにその2つのタイムライン進んでみることで、どのような可能性が生じるかを確認します。

具体的な方法は…

① 目の前の左右2つのタイムラインをイメージし、それぞれ将来Xと将来Yとします。

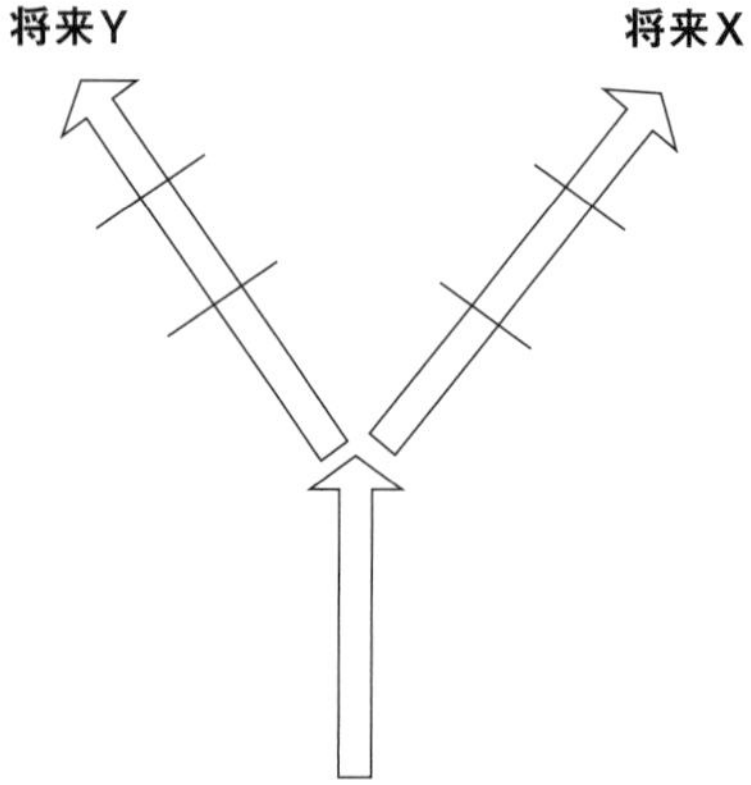

② 実際に空間を使って将来X、将来Yに進み、それぞれの未来を体感する姿を確認します。その際、XのタイムラインとYのタイムラインの間のタイムラインで立ち止まり、道があることをイメージして、ゴールまでのタイムラインも体感します。

※頭の中のイメージで行うこともできますが、実際に歩いて行うとよりイメージを鮮明にもつことができます。頭の中のイメージが慣れないうちは、実際に歩いて行うことをおすすめします。

それぞれの地点で未来をイメージするときには、何が見えるか（視覚）、何が聴こえるか（聴覚）、どんなことを体感するか（体感覚）をていねいに味わうことで、より自らにフィット感のある未来を選択することが出来ます。

タイムラインコンペアードは、日常生活の中でも活用することができますし、何か重大な決断をするときにも活用することができます。

※1 タイムライン

タイムラインとは、過去、現在、未来を繋ぐ一つのラインのこと。自身の前方を未来、後方を過去と捉え、過去のラインを歩いたときには過去の記憶を思い起こし、未来のライン上には将来実現したいイメージなどを思い起こす。

日常生活の中では、「いますぐに起き上がるか」「もう少し体を休めてから起き上がるか」など、小さな場面でも活用が可能です。布団の中で起きようかどうか悩んだときには、頭の中で実際にタイムライン上を歩いてみましょう。ゴールまでの間に、中間地点を2つほどもうけます。

では「起き上がる（将来X）」と、「もう少し眠る（将来Y）」として考えてみましょう。

まずは、将来Xである「起き上がる」のタイムラインの上を歩きます。まずは、中間地点①でどのような未来を感じるのかをイメージしてみます。中間地点①は、起き上がって5分後としましょう。

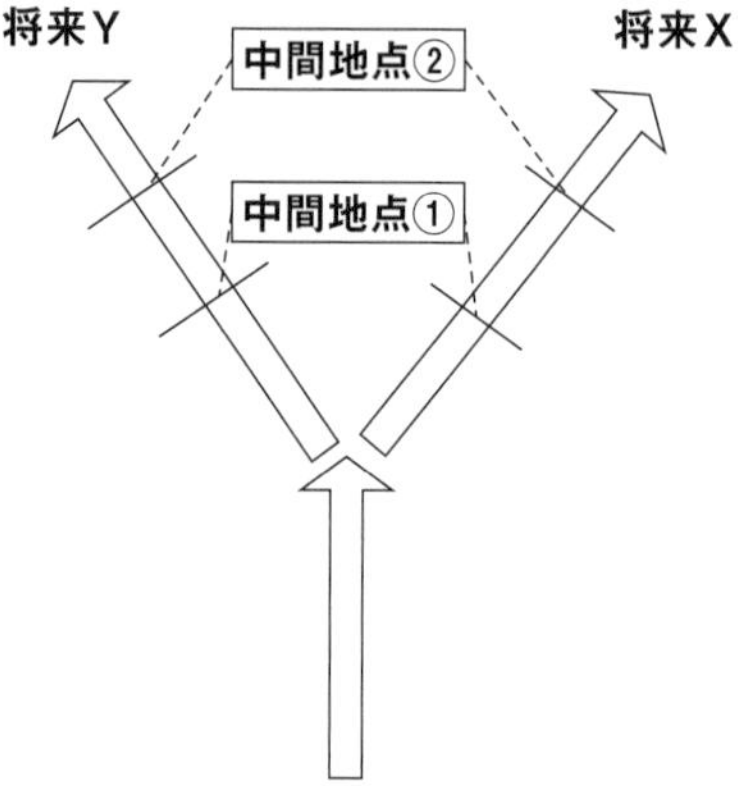

（ちょっと、起きるのがきつかったな。まだ寝ておいたほうがよかったかな）

その感覚を十分に感じてから、中間地点②へ進みます。ここは起き上がって30分後としましょう。

（起きた後の辛さももうないな。今日はゆとりをもって準備ができるな）

そして、ゴール地点へと進みます。ここは、家を出て、間もなくのころをイメージしてみましょう。

（今日は、いつもよりも少し早く家を出ることができたな。起き上がるのは少しきつかったけど、ゆとりをもてるのはいいな）

ゴール地点のイメージを十分に感じることができたら、将来Xである「起き上がる」を選んだ道の幕を閉じます。

そして、次は「もう少し寝る」である将来Yのタイムライン上を歩いてみましょう。将来Xのときと同様に、中間地点で止まりながら、ゴールまでのタイムラインを歩くイメージをしていきます。

・中間地点①
（まだもう少し寝たいな。もう少し体を休ませてやろうかな）
・中間地点②
（あと少しで起きよう。今日は○○もあるし、しっかりと体を休めておいたほうがよさそうだ。ただ、朝の準備の時間はぎりぎりになりそうだな）
・ゴール地点
（今日は起きるのがぎりぎりになったな。でも、体の調子はいいな。急いで準備したから朝から、ちょっとバタバタしてしまったけれど…。）

そして、将来Yの道の幕を閉じます。

こうすることで、どちらを選べばどんな未来を過ごすことになるのかを、事前によく考えて自分の判断を行うことができるようになります。こうすると、自分の時間を戦略的に使うことができるので、より主体的な毎日を送ることができるようになるでしょう。自分の時間を自分の手綱をもって過ごせるかどうかは、とても大切なことです。

自分の時間を、自分の手でなく、他人にもたれてしまえば、たちまち、大きなストレスや疲労に見舞われることになってしまいます。そうしたことを防ぐうえでもタイムラインコンペアードは有効なワークであると言えます。

また、タイムラインコンペアードは、自分の悪習慣をやめるうえでも効果的なワークです。

例えば、つい自分の感情に任せて子どもを怒ってしまうことをやめたいと思ったとします。

そんなときは、将来Xについ怒ってしまう自分の道を歩み、それはやめたいという自分を十分に感じてから、その道に幕を閉じます。※悪習慣を断ちたいときには、幕を閉じるという作業をよりていねいに行います。舞台の幕が閉じられるようなイメージをもち、自分の悪習慣を終わらせます。

次に、望ましい将来Yをイメージし、その道を歩んでいきます。ゴール地点で、自分が望む姿をはっきりとイメージします。視覚・聴覚・体感覚を十分に感じるようにしましょう。

場合によっては、「アンカリング（※2）」をしてもかまいません。アンカリングとは、そのときのイメージを再度思い出すことのできる再現装置のようなものです。

※2 アンカリングとは

五感からの情報をきっかけに、特定の感情や反応が引き出されるプロセスを作り出すこと。アンカリングの一例として挙げられるのは、プロ野球選手のイチロー選手が打席に入るときの動作。イチロー選手はあの「ルーティン」で自分の最大のパフォーマンスを引き出そうとしていると言われています。また、私たちにも「この◯◯を聞くと、あのときの気持ちを思い出す」「ここに来ると、教師になろうと決めたときの気持ちを思い出せる」など、すでにいくつもの「アンカー」をもっています。そのプロセスを意図的に引き出すことをアンカリングと言います。

タイムラインコンペアードを行い「このときの感覚をいつでも思い出したい」と思える感情に出会えたなら、普段はあまり触ることのない体の部位を強く推すなどでして刺激を与えることで、アンカーを埋め込むことができます。（私であれば、右手の薬指第1関節です）

そして、そのときの記憶を思い起こしたければそこを強く押すようにしてみましょう。タイムラインコンペアードで得ることができた感情やイメージを思い起こすことができるはずです。

また、タイムラインコンペアードは子どもたちの指導に役立てることができます。「友だちに自分からあやまるか」「勉強を今までよりもがんばるかどうか」「この行事を全力で取り組むかどうか」など、子どもたちにも、判断の場面は多々存在します。そうした場面で、将来Xと将来Yを事前にイメージのうえで体験させてやるのです。先生から「もっと真剣に！」「もっと勉強しよう！」「先に謝ろう」と声をかけるよりもうんと効果の高いことも多くあります。

こうしたワークのよさは、先生から一方通行で話をするだけでなく（もちろん、そうした手法が効果的なことも多々ある）子どもたち自身で、自分たちの進みたい道を判断させることに効果があると考えます。「人から言われたこと」か「自分で決めたこと」かには、大きなちがいがあります。**ただ「自分で決めさせることができる」というスキルがこれまでは、あまり認知されていませんでした。**

タイムラインコンペアードをはじめ、**ＮＬＰスキルのほとんどが「相手の中から引き出す」ものばかりです。**こうしたスキルをぜひ、当たり前に学級や学校の中で使われることで、子どもたちの本来持つ力をより引き出すことができるのではないかと思います。

人生は判断の連続

迷ったときは……
イメージの中で
どちらも歩いてから決めよう！

メンター

私たちは、人生を生きる中で本当に多くの人と出会います。その数は、3万人とも言われ、その一つひとつの出会いを通して、様々な刺激を受けています。(※ちなみに、何らかの接点をもつ人が3万人、そのうち、近い関係(同じ学校、職場、近所など)が3000人、さらにそのうち親しく会話をもつのが300人、友人と呼べるのが30人、親友と呼べるのが3人、とも言われている。)さらに、その中でも「この人との出会いは印象的だった」「今の私はこの人のおかげである」と呼べる人がいます。そうした人はメンターと呼ばれる人たちです。一般的には、メンターは「仕事上(または人生)の指導者、助言者」などと言われておりますが、NLPでは次のように言われています。

メンターとは

自分の潜在意識を発見してくれる人物のこと。自分の価値観、信念を強化してくれる人のこと。なお、偉人、賢者などであってもよく、面識がなくともメンターにしてもよい。

一般的には、実在する人、自分とかかわりのある人などがメンターと呼ばれますが、NLPでは、実在しない人物でもよいとされているのが特徴です。これは、NLPの「脳は現実とイメージの区別が（さほど）つかない」とされているところが関係しています。

そして、このメンターから効果的に自分自身を成長させるために、次のようなワークが考えられます。

メンターワーク

●場づくり

椅子を4つ用意し、次のように並べる。そして、次の手順に沿ってワークを行う。

① 自分自身が乗り越えたい課題など、明らかにしたいことを決める。

② それについて、3人のメンターを設定する。

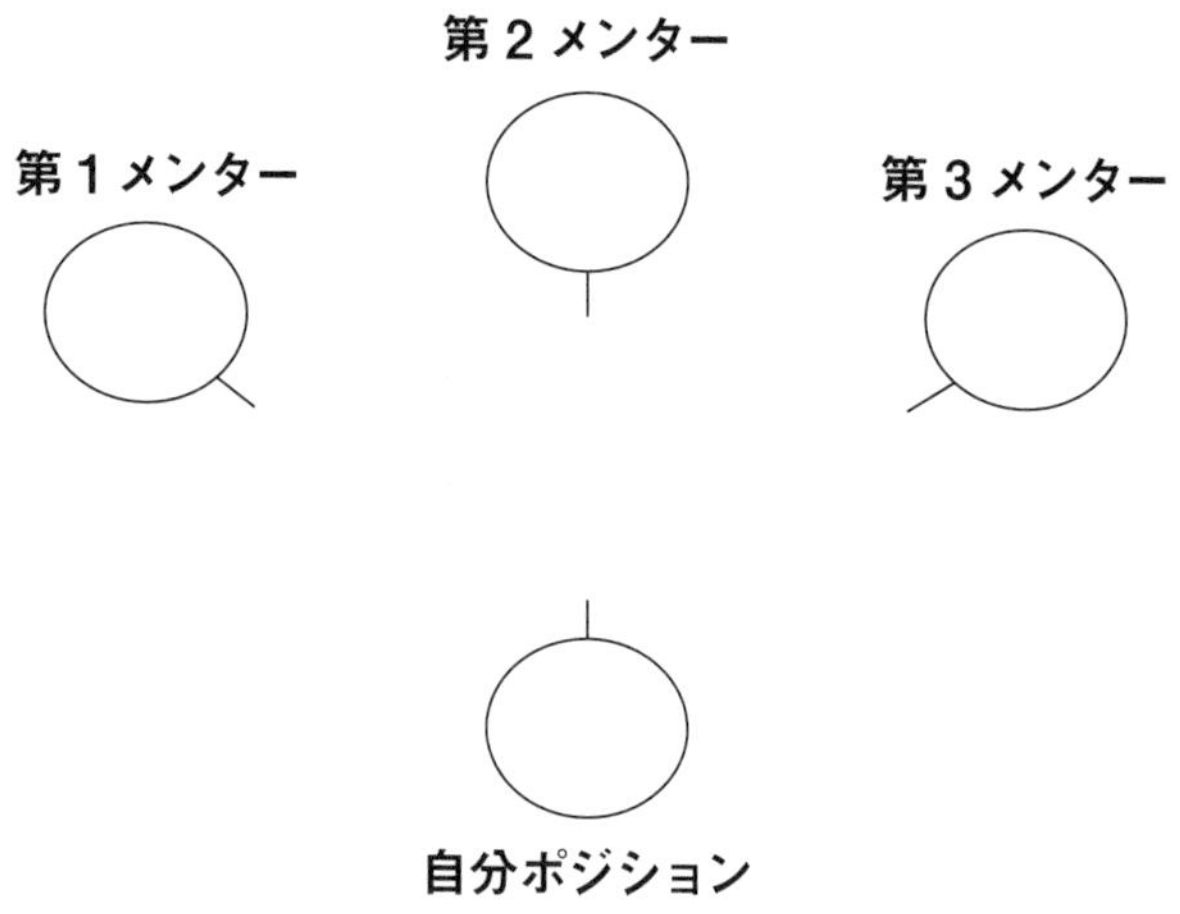

③　まず、自分ポジションに座り自分自身の明らかにしたいことを言語化し、自分の設定したメンターに話しかけるようにする。

④　そして、「ポジションチェンジ（P72ページ参照）」をするように、順にメンターの席に座っていく。そして、視覚・聴覚・体感覚などをそれぞれのメンターに合わせてなりきり、自分ポジションに向かって、自分に語りかけるようにアドバイスを行う。

⑤　同様に、第2メンター、第3メンターにも入り込み、自分ポジションに向かって話しかける。

⑥　最後に、自分ポジションに戻り、ワークを行う前とのちがいなどを確かめる。

もちろん、メンターの数は、好みで変更させることは可能です。１人でも可能ですし、４人以上でも可能です。自分の課題に合わせたメンターの数を設定するようにしてみましょう。

このメンターのワークのよいところは、同時に複数の意見をイメージすることができることです。メンターに選ぶほどの人ですから、それぞれが大切にされている人をお選びになることと思います。そうした人たちが、イメージ上とはいえ、1か所に集合し、自分のためだけにアドバイスをしてくれていると思うだけで、自分の気持ちは高まります。そして、自分の明らかにしたいことを、自分の人生の本質にもとづいて、一つの答えを手に入れることができます。

なぜなら、その人たちは、自分の人生に大きな影響を与えてくれている人たちであり、自分の人生を形作っている人たちです。その人たちのアドバイスですから、自分の人生にとっての本質から外れようがありません。また、ワーク後もその人たちが自分の人生を後押ししてくれているような感覚を手に入れることができます。

そんなことからも、自分の人生を推し進めるために、「メンター」というワークはとても効果的であるとおすすめすることができます。ぜひ、試してみてください。（こうして文章を読むだけで得られる成果は半分もないと思います。実際に体験することで、イメージすることで手に入ることが多くあります。ぜひ、そこまで追究してみてください）

また、この「メンター」というワークは、道徳科の授業でも応用が可能です。道徳の教科書には、先人やスポーツ界などで活躍した人など、子どもたちにとって（私たちにとっても）たくさんのメンター

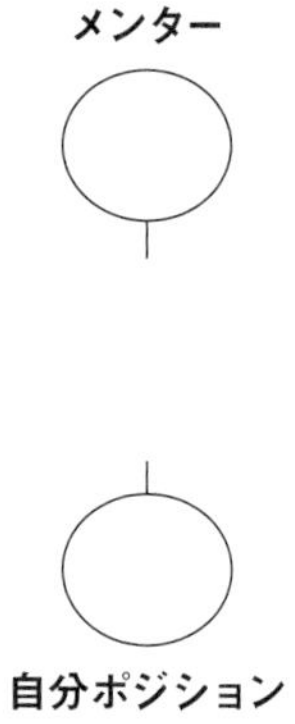

が登場します。そんなときに、このメンターのワークを取り入れるとよいのです。

道徳の授業で実施する場合には、全員にワークをすることは不可能ですので、代表者の子どもに実施させるようにしましょう。教室の真ん中や黒板前など、全体から見える位置で行うことが大切です。そこに椅子を持ち込み、実際にワークを行いましょう。教科書に登場するメンターは、基本、一つの教材に対して一人の人物ですので、メンターは一人の設定で行うとよいでしょう。

ワークを入れるタイミングは、いくつかの場面が考えられますが、私がよく取り入れるのは、「終末発問の前」です。終末発問の前に、イメージする活動を取り入れることで、より子どもたちのもつ考えを引き出せると考えているのです。

例えば、山中伸弥さんが扱われた教材があります。中心発問に「どうして山中伸弥さんはここまで研究をつづけることができたのだろう」を設定し、山中さんの考えや思いに迫ったのちに、子どもたちに山中さんから学んだことを取り入れる場面があります。それが終末発問の場面です。「今日、山中さんから学んだこととは何なのだろう?」とそのまま入るのが、多くあるパターンかと思いますが、この発問の前にワークを取り入れます。

中心発問を終えてから「もし、山中さんがみんなにアドバイスをしてくれるとしたらどんなことを言ってくれるだろう」と終末発問を提示し、「どんなことを言ってくれるだろうね。少しみんなで迫ってみようか」などと前置きをしてからワークに入ります。

ここで、代表の子どもがワークを実際にするわけですが、道徳授業の場合は、「手順①自分自身が乗り越えたい課題など、明らかにしたいことを決める」については、「山中さんに聞きたいこと」などのように、質問という形にしてもかまいませんし、手順①を飛ばしてもらってもかまいません。道徳の授業で活用するのであれば、「相手から何を言ってもらうか」が大切となるので、そちらを重視するようにします。

ここで「実際にワークをしていない子どもは何をするの?」「ワークをしていない子どもは考えれないんじゃないの?」などの疑問をもたれる方がいらっしゃると思います。ただ、実際に実施していただければおわかりになると思うのですが、まわりでみている子も、その子のワークに合わせて思考を重ねて考えることができます。さらに、その子から引き出される意見を参考にして、終末発問を考えることもありますし、自分なりに得た考えを表現することもあります。「代表の子どもがワークをする」ことで、全体に影響を与えることができるのです。

実際に、私の教室で、この「メンター」のワークを実施したときには、大きな効果を感じました。代表の子から引き出された意見はもちろん、周囲でそれを見ていた子も様々な思考をし、それぞれの答えをもつことができていました。

道徳は、感性を大切にする授業です。感性を大切にする授業ですから、子どもたちの感性を十分に引き出してやってほしいと思います。感性を引き出すのに「問い（発問）」は有効な手段ですが、それだけでは、十分に引き出し切ってやることができないことがあります。そのため、役割演技などの手法が実施されているのですが、こうしたワークも今後、授業の中に取り入れ、授業スキルとして開発していっていただければと思います。

道徳授業でも活用できる！

自分を発揮し、伸ばすスキル

ヒーローズジャーニー

学校でうまくいかないことがある。また、こんなトラブルが起こってしまった…。保護者からのクレームがきた…。先輩から叱られてしまった…。だれもがこんな事象には出合いたくありませんし、逃げ出したくなると思います。

ただ、もし、それらの事象はあなたにとって必要な事象だとしたらどうでしょうか?これから先に起こる奇跡の数々に出合うためには、欠かすことのできない事象であるとすれば、どうでしょうか?

今回は、そんな「成功への道のり」を紹介します。

そうしたことを、ＮＬＰでは、「ヒーローズジャーニー」と呼ばれています。

ヒーローズジャーニーとは

次のように説明されています。

ヒーローズジャーニー
ヒーローズジャーニー（「英雄の旅」と訳される）とは、神話の研究の第一人者であったジョセフ・キャンベルによって発見された理論で、神話の中にある一つの流れのことを指します。

その流れとは、次のようなものです。

1 Calling「天命」
2 Commitment「旅の始まり」
3 Threshold「境界線」
4 Guardians「メンター」
5 Demon「悪魔」

6　Transformation「変容」
7　Complete the task「課題完了」
8　Return home「故郷へ帰る」

これらが「ヒーローズジャーニー」の概要です。

海外の映画などを見ていてもこの「英雄の旅」の流れに当てはめることが多くあります。実際に、海外の映画で、ヒーローズジャーニーにあてはめられているものとして有名なのは、映画で大ヒットを生んだ「スターウォーズ」です。「スターウォーズ」は興行収入世界第2位という大ヒットとなり、世界から注目を浴びました。本作品の監督であるジョージ・ルーカスは、このヒーローズジャーニーを学び、「スターウォーズ」をヒーローズジャーニーに沿って作品を生み出したと言われています。

もともと、私たちは「ドラマ」や「小説」などに、どの時代においても心を惹かれています。それは、ドラマや小説の中に、主人公の苦悩や困難、迷いが存在しているからであって、何もないドラマ、困難や挫折、乗り越えるべき課題のないドラマなどだれも見向きもしないでしょう。

そして、私たちが挑戦するあらゆることには、ヒーローズジャーニーが存在すると考えられています。一年間の学級経営も、一つの学校行事も、一つの研究授業への取り組みも、それぞれに「ヒーローズジャーニー」が存在するのです。

例えば、一つの学校行事について考えてみましょう。子どもたちが一つになって取り組む学校行事、学習発表会ではどのようなヒーローズジャーニーが埋め込まれているのでしょうか。どうしても本番の出来栄えのみに注視しがちですが、それよりも、子どもたちがどのような過程をたどって本番を成功させるのかということのほうが大切です。

ヒーローズジャーニーの観点から、ある学校での6年生の学習発表会の過程をみてみることにしましょう。

1 Calling「天命」

学習発表会を今年もすると決まった。いよいよ小学校生活最後の学習発表会。学年全体もいつも以上にやる気に満ちています。

2 Commitment「旅の始まり」

どんな発表にするのか。だれがどんな役割をするのか。そもそも、この発表をする目的は何なのか。そんなスタート時に必要なことを話し合っていきます。

3　Threshold「境界線」

話し合いも無事に完了し、それぞれの役割も決まり、いよいよ本格的な練習がスタート。それぞれの役割に分かれてよりよいものをつくりあげていきます。それぞれのグループでの練習も順調に進み、本番が今からとても楽しみな状態にあります。

4　Guardians「メンター」

自分たちがよりよくなるにはどうしたらいい？という最初の関門にぶつかります。そのときに先生からアドバイスをもらったり友だち同士で教え合ったり何か参考になるものをみつけたりし、乗り越えていきます。

5　Demon「悪魔」

本番に向けて最大の試練が訪れます。ここまでうまく進んでいると思うのになかなか思うように練習が進まなくなる。練習に打ち込めない子どもも出てきて、先生からも本気の指導が入ります。友達同士の対立も起こり始めます。これまでの自分たちでは乗り越えられなくなり、変容が求められるようになります。

6　Transformation「変容」

心を決め、自分たちの変容を決心する。自分たちで話し合いの場を設け、それぞれがどんな思いで学習発表会に取り組んでいるのかを話し合います。話し合いは簡単には終わりません。意見の対立が生まれます。価値観の相違が表面化します。それでも、腹を割って話し込みます。自分たちがどうしたいのか、どうしたら自分たちは乗り越えられるのか。そのようにして、自分たちがこれまでの自分たちとは明らかに変容していきます。

7　Complete the task「課題完了」

変容を遂げ、本番に向かって真っすぐに進んでいきます。これまでの練習の雰囲気とは明らかに変わります。一人ひとりが本番に向けて全力を出し切っています。そうして、迎えた本番。自分たち自身も確かにやり切ったという手ごたえを得ます。本番が成功したことを確かに自分たちで実感することができます。

8　Return home「故郷へ帰る」

大きな節目である学習発表会を終え、いつもの日常へと戻っていきます。これまでの日常と変わりがないような気もしますが、何か少しの変化を感じながら毎日を過ごしていきます。

いかがでしょうか。これまで取り組んできておられた学校行事と重なるところなどはありましたでしょうか。

よく、学校行事に取り組む中で「子どもたちがもめるんです」「子どもたちがなかなか取り組まないんです」という声を聞きます。中には「こうした行事は絶対にもめますよね」と言われる先生もいらっしゃいます。そして、**多くの先生は、こうした困難やトラブルから回避しようとされると思いますが、ヒーローズジャーニーの視点から考えれば、それは、正しい方向とは言えないのです**。

なぜなら、正しく進んでいる物語であれば、「デーモン（つまり、困難やトラブル、課題）」が必ず存在するからです。デーモンと呼ばれるものに出会わないままに進んでいる取り組みは、もしかすると、うまくいっていないと言えるのかもしれません。

そして、ヒーローズジャーニーを知ることで、これまで捉えていた困難や課題とは、少し違った考えが生まれるのかもしれません。むしろ「よし、困難がやってきた！」「いいぞ、順調にトラブル発生！」となるのかもしれません。なぜなら、それを、変容することで乗り越えることができ、その先には、ゴールや成長が待っていることが、ヒーローズジャーニーを知ることで明らかになるからです。

実は、こうした**「物語の見通し」「チームの見通し」をもっておくことは、教師としてはとても重要なことです**。子どもたちが行き詰まり、その先が見えなくなっているとしても、子どもたちを導く教師はきちんと見通しをもち、手綱を引いてやる必要があるのです。見通しをもつから、余裕が生まれます。余裕が生まれるから、子どもたちが乗り越えるのを待つことができます。

これが、子どもたちと同じように、先生まで見通しをもたずに先が見えない状態になると、焦りが生まれ、指導がバタバタしてしまったり、困難やトラブルを避けようとし、子どもたちのせっかくの成長の機会を奪ってしまったりしてしまうのです。

昔からのことわざである「かわいい子には旅をさせろ」「苦労は買ってでもせよ」は正解だったのですね。

そして、こうしたことは、子どもたちと共有しておいてもいいでしょう。

「これから、学級発表会という新たな取り組みが始まります。みんなのがんばる姿を期待しています。ただ、途中で何か大きな壁は必ずやってきます。それをどう乗り越えるかが、みんなの力の見せどころなのです。大きな壁がやってくるということは、みんながそれだけ真剣に取り組んでいるということです。みんなが、どんな風にして、その壁を乗り越えるのかも先生は楽しみにしています」

子どもたちも、事前にそのような話を聞いていれば、トラブルがあったときにも冷静に対処することができます。もしかしたら、自分たちでその壁を乗り越えようとするかもしれません。トラブルがあったときこそ、真価が問われるときです。学級や学年の状態を見定める機会にすることだってできます。

ベテランの先生であれば「あえて壁になる」という方法をこれまでも教育界では取られてきました。「そろそろ一度山をつくろうか」という会話を職員室で聞いたこともあります。それは、壁となり、子どもたちに困難を体験させ、それを乗り越えることで子どもたちがより成長することを知っているからなのです。

最後にもう一度お伝えします。ジョセフ・キャンベル博士が突き詰めた「ヒーローズジャーニー」は、神話や映画のみならず、私たちの生活の中のあちこちに存在します。つまり、ドラマは私たちの生活の中にあるのです。ドラマを知り、ドラマをつくるためには「デーモン」とどうかかわるかによって決まってきます。「もうダメだ」「もうどうしようもない」と思ったときが分かれ目です。それこそが、デーモンとの出会いなのです。ぜひ、デーモンとの出会いを喜び、乗り越えていってください。その先には、あなたの人生の中だけで起こるドラマが絶対に待っていますよ。

デーモンを乗り越えてこそ成長が待っている

ある男との出会い（あとがきにかえて）

本書を手に取ってくださった方が学校現場の方ならば、おそらくほとんどの方が「NLPって何？」と思われていたことと思います。本書を執筆させていただいた私ですら、ほんの3年前までは「NLPって何？」という状態でした。

ここで、私が本書の執筆を終える前に、あるひとりの男を紹介しなくてはいけません。

私とNLPとの出会いは「強烈」とも言えるものになったのですが、それは、私がただ知識や実践としてNLPを学んだのではなく、その男との出会いがあったからです。

男の名を「橘修吾郎（たちばなしゅうごろう）」と言います。彼は、学校関係や教育関係の人間ではなく、心理療法家として日々活躍しています。「もう死にたい」と自殺寸前まで追い込まれている方々が、最後の砦として彼のもとを訪れています。そして、彼は、自身の体験やNLPの手法を駆使して、何とかその人たちの命をつなげ、生きる希望すら与えているのです。

なぜ、私が彼との出会いを「強烈」とまで表現したのか、少し説明させてください。

出会ったときの彼は、本田圭佑氏を彷彿させるような白いスーツをまとい、まさに「時代の先駆者」のようなオーラを出していました。そして、とある飲み会でなかなか周囲の人と馴染めずに一人ポツンとしていた私に声をかけてくれました。そのときの彼は、まさに太陽のような笑顔をしており、希望に満ち溢れているかのような雰囲気を出されていたのです。

飲み会では、自己紹介が進んでいました。私は、周囲とは少し雰囲気の違う彼がどんな自己紹介をするのか、それほど気に留めることもなく、彼の自己紹介に耳を傾けました。

そして、彼が自己紹介を始めます。

「橘修吾郎と言います。現在、心理療法家として活動しています。小学校1年生のときにチック症を発祥して以来、20年間、10種類以上の精神病と呼ばれる病にかかってきました。いじめにも10年以上あい続けました！その経験を生かし、ぼくと同じような病にあわれた方を助けたいと日々活動しています!!」

爽やかなあいさつでした。元気のいい、明るいあいさつでした。

それだけに戸惑いを隠せませんでした。

（こんな人生があるのか…。）

そのときの衝撃は、今でも強く覚えています。そして、その男との出会いそのものが、私の人生観をすら大きく変えていったのでした。

その後、彼が人生を大好転させた大きな要因のひとつにＮＬＰがあることを彼から聞きました。彼が学校教育へ強い関心をもっていたこともあり、教師である私が彼からＮＬＰを本格的に学ぶこととなったのでした。

これが、私の「ＮＬＰを学校現場に‼」と強い思いをもっているバックボーンです。

橘先生は、私たちにＮＬＰを伝えてくださる際に、本当に言葉通り「命を削って」私たちにＮＬＰを託してくれました。それは、彼が心から日本の将来を考え、よりよい未来のことを考えていたからに他なりません。本書は橘修吾郎先生がいらっしゃらなければ世に誕生することは決してありませんでした。橘先生にこの場を借りて改めて御礼申し上げます。

本書には、みなさんにとってこれから必要なスキルや考え方が込められていることを断言します。ぜひ、本書を閉じる前に「どのように本書を自分の人生に活用するか」という小さな宣言をしてみてください。その瞬間から、ほんの少しの変化を感じられる未来がやってくることをお約束します。

本書を最後までお読みいただき誠にありがとうございました。本書が少しでも先生方や子どもたちの未来に役立つことを願って筆をおくこととします。

教師が変われば子どもが変わる
子どもが変われば未来が変わる

という橘先生から教えていただいた言葉とともに…。

令和2年1月20日
春をほんの少し感じさせる陽をやわらかに背に感じながら…

丸岡　慎弥

丸岡慎弥（まるおか・しんや）

1983年、神奈川県生まれ。三重県育ち。大阪市公立小学校勤務。教育サークルやたがらす代表。関西道徳教育研究会代表。銅像教育研究会代表。3つの活動を通して、授業・学級経営・道徳についての実践を深め、子どもたちへ、よりよい学び方・生き方を伝えるために奮闘中。道徳を中心として授業づくり・学級づくりにもっとも力をそそいでいる。現在は、NLPやCoaching を学び、教育実践に取り入れることで、独自の実践を生み出している。著書に『話せない子もどんどん発表する！対話力トレーニング』（学陽書房）『現場発！小学校「特別の教科 道徳」の見取り・評価 パーフェクトブック』（フォーラム・A）『日本の心は銅像にあった』（育鵬社） 他多数。

教師の力を最大限引き出すNLP

2020（令和2）年3月6日　初版第1刷発行

著　者：**丸岡慎弥**
発行者：**錦織圭之介**
発行所：**株式会社　東洋館出版社**
〒113-0021　東京都文京区本駒込5-16-7
営業部　電話 03-3823-9206
FAX 03-3823-9208
編集部　電話 03-3823-9207
FAX 03-3823-9209
振　替　00180-7-96823
URL　http://www.toyokan.co.jp
［装　丁］水戸部功＋北村陽香
［本文デザイン］宮澤新一（藤原印刷株式会社）
［イラスト］こすげちえみ
［印刷・製本］藤原印刷株式会社

ISBN978-4-491-04053-0　Printed in Japan